KB199295

제1원칙 사고

원점에서 시작하는 일론 머스크식 문제 해결법

제1원칙 사고

FIRST
PRINCIPLES
THINKING

안유석 지음

처음북스

일론 머스크의 파괴적 혁신과 성공의 비밀, 제1원칙 사고법

필자는 25년간 소프트웨어, IT, 여행사, 출판사 등 많은 사업에 몸담으며 여러 사업가와 임원을 만나면서, 수많은 성공과 실패, 그리고 시행착오를 목도했다. 돌아보면, 비즈니스를 대하는 태도와 사고방식 곳곳에 아무런 의심 없이 따르던 고정 관념이 자리 잡고 있었다는 사실을 뒤늦게 깨달았다. 예컨대 "원래 그렇게 해 왔다"라는 이유로 관행을 아무런 의심 없이 그대로 받아들이고, 오랜 성공 사례로 굳어진 공식을 반복 적용하던 시절이 있었다. 혁신을 외치면서도 실제로는 혁신의 본질을 온전히 이해하지 못했던 때이기도 하다.

그러나 일론 머스크Elon Musk를 알게 된 이후, 그동안 쌓여 있던 비즈니스 관념의 뿌리가 크게 흔들리는 경험을 하게 되었다.

머스크는 테슬라^{Tesla}와 스페이스X^{SpaceX}를 비롯한 여러 회사를 창업하거나 이끌며, 기존 산업의 한계를 뒤집고 과감한 도전을 이어 왔다. 처음에는 그의 행보를 '특이한 억만장자 CEO' 혹은 '혁신의 아이콘' 정도로만 바라보았으나, 점차 깊이 살펴볼수록 그의 사고방식에서 새로운 가능성을 발견하였다. 머스크가 세계를 해석하고 문제를 해결하는 방식은 기존의 '정답'을 완전히 뒤집었고, 이를 통해 오래도록 당연하게 여기던 고정 관념들이 무너지는 순간을 체감했다.

그 근본에는 물리학적 기반과 '제1원칙^{First Principles}'에 입각한 사고방식이 있다. 제1원칙 사고방식이란, 문제 해결 과정에서 이미 주어진 전제를 그대로 받아들이지 않고, 가장 근본적인 요소부터 재정의하는 것을 의미한다. 대부분의 사람들은 '유추^{類推}'나 '타산'에 의지하여, 이전 사례나 업계 모범 사례를 중심으로 접근하기 마련이다. 그러나 머스크는 "왜 그렇게 해야 하는가?"라는 질문을 더 근본적으로 던진다. 기존에 관행으로 자리 잡은 방식이 물리적·논리적으로 정말 최적의 해법인지, 혹은 전제 자체가 틀릴 가능성은 없는지, 근저에서부터 재검토하는 것이다.

사업 현장에서 머스크가 보인 예는 매우 인상적이다. 전기차 분야에서, 그는 "전기차는 비싸다"라는 전제에 의문을 제기하고, 배터리 생산 공정부터 다시 설계하여 전기차가 왜 고가일 수밖에 없는지를 물리적 관점에서 해부했다. 그 결과, 테슬라를 통해 전기차 산업 전반에 새 기준을 제시하면서 시장에서 대중화를 이끌었다. 스페이스X의 사례 역시 대표적이다. 로켓 발사 비용이 왜 그렇게 많이 들어야만 하는지를 묻고, 로켓 재사용 및 자체 부품 제작 등으로 지속 가능한 형태의 민간 우주산업을 개척했다. 국가의 지원 없이는 어렵다고 여기던 영역에 새로운 길을 열었다.

이렇듯 머스크가 보여 준 제1원칙 사고방식은 단순히 "더 싸게 만들자"라거나 "더 효율적으로 하자"라는 전략적 슬로건이 아니다. 이는 본질로 돌아가 근거를 하나씩 점검하고, 그 바탕 위에서 새롭게 길을 찾는 근본적 태도이다. 제1원칙 사고는 물리학 문제를 푸는 기본적 접근과 유사하다. 핵심 변수와 그 상호 작용을 식으로 풀듯이, 현실 문제 또한 가장 아래 단계까지 파고들어 구조를 분석한다. 이전 사례의 틀에 매이지 않고, '무엇이 정말로 핵심인가'를 끝까지 캐묻는 행위가 그 출발점이다.

머스크의 접근법이 인상적인 것은, 우주산업·에너지·배터리·뇌신경 인터페이스 등 전혀 다른 영역에서도 일관되게 적용되고 있다는 점이다. 분야마다 상이한 특수성이 존재하지만, 그는 매번 "왜 이것은 기존에 불가능하다고 여겨져 왔는가?"라는 물음을 통해 문제를 재정의한다. 그 결과 테슬라와 스페이스X, 뉴럴링크Neuralink, 보링 컴퍼니The Boring Company 등에서 전례 없는 혁신이 일어났다. 이는 불가능하다고 단정되었던 시장을 재편하고, 결국 기존 업계 전반에 충격을 주는 결과로 이어졌다.

제1원칙 사고는 물리 문제 접근과 유사하다

머스크의 행보를 지켜보면서, '당연하다'라고 믿었던 사업 관념이 흔들리는 경험을 했고, 그때부터 제1원칙 사고방식이 실제로 문제 해결에 어떤 영향을 미치는지 좀 더 깊이 탐구하고 싶어졌다. 이 책을 집필하게 된 계기도 이와 관련 있다. 초기에는 단순히 머스크에게서 영감을 받았다는 개인적 깨달음을 글로 정리하려고 했으나, 자료를 조사하고 다양한 전문가들과 의견을 교환하면서 제1원칙 사고가 지닌 잠재력에 더욱 확신을 갖게 되었다. 이는 기존의 관행이나 고비용 구조를 단순히 개선하는 수준을 넘어, "진정한 혁신"을 끌어내는 근본적 관점 전환이었다.

머스크의 사례는 실제 시장에 지대한 영향을 미치고 있다. 전기차의 대중화만 보더라도, 과거에는 "전자제품만큼이나 전기차가 자주 고장 날 것" 혹은 "내연기관 대비 가격과 기술 모두 뒤떨어질 것"이라는 부정적 인식이 팽배했다. 그러나 이제는 주요 자동차 회사들이 속속 전기차 라인업을 강화하고, 심지어 내연기관차의 퇴출 시점을 논하는 상황에 이르렀다. 이러한 변화는 "전기차 제작 비용이 과연 비싸야만 하는가?"라는, 기존 전제를 근본적으로 뒤집은 결과이다. 머스크가 제기한 '가능성'이 거대한 시장의 관성을 바꾸고, 새로운 표준을 수립해 나가는 것을 목격하면서, 제1원칙 사고가 단순한 발상 전환 정도가 아니라 세상을 바꾸는 강력한 동력임을 실감하곤 한다.

개인적 경험을 비추어 보면, 기존 사업 과정에서 '정상적인 비용'이라 여겼던 부분이 실은 불필요한 요소로 가득 차 있음을 머스크의 사례를 통해 재확인했다. 고정 관념을 의심하지 않으면, 문제의 근본 원인에 도달하지 못하고 자금·시간·노력 등을 과도하게 소모하는 구조에 갇히기 쉽다. 결국 관행으로 굳어지기 전 단계, 즉 "왜 이것을 반드시 이렇게 해야만 하는가?"를 처음부터 묻는 태도가 중요하다. 머스크가 보여 준 제1원칙 사고는 바로 이 지점에서 강력한 비전을 제시한다.

이 책은 그러한 의미에서, 제1원칙 사고방식이 무엇이며, 머스크가 이를 실제로 어떻게 구현했는지, 그리고 이를 어떻게 각자의 분야에 적용할 수 있을지를 다룬다. 책은 크게 세 부분으로 구성된다.

첫 번째 부분에서는 제1원칙 사고의 철학적·과학적 뿌리를 살펴본다. 아리스토텔레스 시기부터 근대 과학혁명을 거쳐 현대 물리학으로 이어지는 과정에서, '처음으로 돌아가 근본을 밝힌다'라는 사유 방식이 얼마나 큰 역할을 해 왔는지 짚어 본다.

두 번째 부분에서는 머스크가 창업하거나 이끈 여러 프로젝트(테슬라, 스페이스X, 솔라시티, 뉴럴링크 등)를 통해 제1원칙 사고가 실제로 적용된 사례를 분석한다. 각 기업에서 구체적으로 어떤 문제에 도전했고, "근본에 대한 질문"을 통해 어떤 혁신이 일어났는지 등을 심도 있게 파헤친다.

세 번째 부분에서는 독자적인 분야에서 제1원칙 사고를 실천하기 위한 방법을 제시한다. 비즈니스, 기술, 개인적 도전 등 다양한 영역에서 적용할 수 있도록 구체적 사례와 단계별 접근 방식을 구체적으로 제안한다.

대한민국의 창업 생태계와 조직 문화에서도 머스크의 사고방식은 시사하는 바가 크다. 국내에는 여전히 "원래부터 이렇게 해 왔다"라는 말이 통용되는 관습이 적지 않다. 오랜 정착 과정에서 나름의 이유와 효율성을 확보한 측면도 있지만, 그것이 때로는 불합리한 구조를 고착시키거나 새로운 기회를 차단하는 요인으로 작용한다. 제1원칙 사고는 이러한 상황에서 "왜 그런 구조가 굳어졌는가?"라는 질문으로, 본질을 재확인하고 기존 틀을 재설계할 수 있는 계기를 마련한다. 이는 미래를 고민하는 창업가와 혁신을 꿈꾸는 이들에게 절실히 필요한 태도다.

머스크가 말하는 혁신은 늘 높은 리스크와 불확실성을 동반한다. 스페이스X의 초기 시절, 민간이 로켓을 발사한다는 구상은 실현 불가능하다는 비판에 직면했고, 테슬라 또한 전기차가 주류가 되기 어려울 것이라는 회의론에 직면했다. 그러나 '이 길이 정말 틀렸는가?'를 끊임없이 파고들면서, 오히려 새로운 성공 방정식을 제시했다. 제1원칙 사고는 이러한 도전의 출발점이며, 동시에 근거 없는 낙관론이나 무모함과는 구별되는 과학적·논리적 기반이다.

이 책은 제1원칙 사고의 구조와 머스크의 실제 사례를 아우르면서, 누구나 동경하지만 쉽사리 달성하기 어려운 '파괴적 혁신Disruptive Innovation'이 왜 제1원칙 사고를 통해 실현되는지 설명한다. 또한 물리학을 전공하지 않은 이들도 이 개념을 충분히 자신의 업무나 연구에 적용할 수 있도록, 가능한 한 간결하고 구체적인 예시를 제시한다. 저자는 이러한 시도가 대한민국 창업 생태계에도 긍정적인 영향을 미칠 수 있다고 확신한다. 지금도 젊은 창업자 중에는 관행에 얽매이지 않은 사고방식을 통해 새로운 사업을 발굴해 내는 사례가 적지 않다. 제1원칙 사고는 그 흐름을 더욱 가속하여, 다양한 분야에서 기존 패러다임을 바꿔 놓을 잠재력을 지녔다.

독자들이 이 책을 읽으면서, "이건 원래 이런 것이다"라고 놓치고 있던 부분에 새롭게 질문을 던질 수 있게 되기를 바라는 마음이 크다. 과연 어떤 부분에서 낭비가 일어나고 있으며, 어떤 전제가 이미 오래전에 낡았는지, 그리고 그 낡은 전제를 걷어 냈을 때 어떤 가능성이 열리는지를 구체적으로 생각해 볼 기회가 될 것이다. 이는 단지 비용 절감이나 효율성 향상에 국한되지 않는다. 오히려 새롭게 태어난 관점은 지금까지 전혀 고려하지 않았던 시장과 기술을 발견하게 함으로써, 완전히 다른 차원의 결과를 창출하기도 한다.

머스크를 특별한 인물로만 바라보는 시선도 분명 존재한다. 그러나 그의 사고방식 자체는 누구나 학습하고 적용할 수 있는 이론적 틀에 가깝다. 문제 정의와 근본 원인 파악, 논리 전개의 정교함, 그리고 실행을 통한 검증 등이 핵심을 이룬다. 머스크 본인이 지속적으로 강조하듯, 물리학적 기반을 갖추면 복잡해 보이는 문제도 최소 단위로 나누어 분석할 수 있게 된다. 기존 사례에 얽매이지 않고 문제의 근본부터 다시 설정할 때, 혁신은 비로소 실질적 추진력을 얻는다.

사업 현장에서는 이해관계가 복잡하고 다양한 역학 관계가 작용하기에, 제1원칙 사고가 단번에 적용되는 경우는 흔치 않다. 보통은 조직이 꾸준히 굴러가야 하고, 시장과 주주, 법·제도 등 각종 외부 변수가 얽히기 마련이다. 그럼에도 불구하고, 근본으로 돌아가 사고하는 연습을 통해 조직 내 해결 과정을 완전히 새롭게 재구성할 수 있다. 공정이나 비용 구조, 마케팅 전략 등을 원점에서 다시 살펴보면, 전에 보이지 않았던 개선 지점이 드러난다. 이런 '근본적 문제 정의' 단계가 제대로 이루어지면, 기존 방식보다 훨씬 뛰어난 해결책이 나올 가능성이 높아진다.

이 책은 이러한 탐구의 과정에서, 독자가 직접 사용할 수 있는 일종의 지침서가 되기를 희망한다. 제1원칙 사고를 학습하고, 작은 범위라도 실무에 적용해 보는 일은 예상보다 더 큰 성취감을 제공하기도 한다. 새로운 사실을 발견하거나, 누구도 시도하지 않은 방향에서 문제를 해결해 낼 때 느끼는 성취감은 혁신의 본질에 가깝다. 창업을 준비하는 이들뿐 아니라, 이미 조직 내에서 활동하는 경영자나 관리자, 또는 연구자에게도 이는 중요한 경쟁력이 될 수 있다.

머스크는 우주 산업을 비롯해 고정 관념이 극도로 강한 영역에 뛰어들어, 제1원칙 사고를 실험하고 현실화했다. 이는 기존 관념과의 충돌을 피할 수 없는 일이었으며, 많은 회의와 비난이 따랐다. 그럼에도, 문제를 극한까지 분석하고 한계를 하나씩 돌파함으로써 테슬라의 전기차가 고급 차 시장에서 한 자리를 차지하고, 나아가 대중화를 실현했다. 스페이스X의 로켓은 우주 수송 비용을 파격적으로 낮추는 데 성공했다. 이 모두가 "왜 이렇게 비용이 많이 들어야 하는가?"라는 근본 질문에서 출발했음을 기억할 필요가 있다.

이러한 사례는 국내외 많은 이들에게 '새로운 시도'를 할 용기를 불어넣고 있다. 지금껏 제대로 답하지 않았던 근본 질문을 다시 꺼내면, 기존의 답변을 뒤집을 가능성이 발견되기도 한다. 따라서 이 책에서 다루는 제1원칙 사고는 더 많은 사람이 자기 분야에서 새로운 패러다임을 만들어 내도록 돕는 도구가 될 수 있다.

이 책이 마무리될 때쯤, 독자에게는 "당연히 그렇다고 믿었던 것들에 대한 의문"이 하나쯤 생기기를 바라는 마음이 크다. 예를 들어, 내부 비용 구조가 과연 불가항력인가, 특정 시장의 진입 장벽은 정말 넘을 수 없는 것인가, 혹은 조직 운영이나 기술 개발 과정에서 이미 성공한 방식이 최선인가 등을 차분히 되짚어 보는 계기가 될 것이다. 이 과정에서 "새로운 길"이 보이기 시작하면, 그것이 혁신의 씨앗이 될 수 있다고 본다.

궁극적으로, 머스크가 제시한 제1원칙 사고는 아직 열리지 않은 문의 자물쇠를 여는 열쇠와 같다. 머스크가 우주를 향해 로켓을 발사하고, 전기차로 세계 시장의 흐름을 뒤집어 놓았듯, 다양한 영역에서 다른 이들이 같은 방식으로 혁신에 도전할 수 있으리라는 희망을 품게 한다. 그 출발선에서, 이 책이 조금이나마 구체적 실마리를 제공하고, 불필요한 좌절을 줄여 줄 안내서가 되기를 기대한다.

더 나아가, 이 책은 머스크라는 특정 인물에게 국한되지 않는, 근본적 사고의 방향성을 제시하고자 한다. 역사적으로도 큰 발명과 발견은 '왜?'라는 근본 질문에서 시작되었다. 제1원칙 사고는 그 질문을 심화시키고, 물리학적·논리적 분석으로 뒷받침하는 구조를 갖는다. 이를 기반으로 하면, 불확실성을 관리하면서 동시에 새로운 가능성에 도전할 수 있다. 무턱대고 뛰어드는 것이 아니라, 철저히 근거를 따져 가며 나아가는 점에서 차별화된다.

서문을 마무리하며, 이 책을 통해 한 명이라도 더 많은 독자가 자기가 몸담고 있는 분야에서 기존의 틀을 다시금 점검하고,

필요한 부분을 새롭게 설계해 볼 용기를 얻기를 희망한다. 그 과정에서, 누군가는 생각지도 못한 혁신을 이루어 낼 수도 있을 것이다. 머스크가 스페이스X와 테슬라를 통해 전 세계를 놀라게 했듯, 언젠가 한국에서도 그에 필적하거나 그를 뛰어넘는 창업자가 나올 수 있다고 본다. 그때 필요한 것은 결국 "모든 것을 처음부터 다시 생각해 볼 수 있다"는 믿음과, 실제로 그것을 뒷받침하는 논리적·과학적 사고방식이다.

이 책은 그 시작점이다. 문제를 근본에서부터 재구성하고, 관습으로 굳어 있는 방식을 재검토하며, 물리적·경제적·사회적 한계를 넘어서고자 하는 이들에게 작은 나침반이 될 것이며, 동시에 "머스크가 한계를 어떻게 돌파해 왔는가?"라는 질문에 대한 실마리를 제공하는 문서가 되고자 한다. 머스크가 보여 준 제1원칙 사고의 여정이, 독자 각자의 방식으로 이어져 더 큰 혁신의 파도를 만들어 내길 기대한다. 이는 결코 작은 목표가 아니지만, 의심과 도전이 결합할 때 생겨나는 불가능의 벽을 무너뜨리는 과정이야말로 미래의 창업과 혁신 생태계를 이끌 가장 중요한 동력이 될 것이라고 믿는다.

안유석

CONTENTS

"나는 유추보다는 제1원칙 사고에 입각해서
추론하는 것이 중요하다고 생각한다.
우리가 삶을 살아가는 일반적인 방식은
유추에 의한 추론이다.
이전에 누군가가 그렇게 했기 때문에,
또는 다른 사람들이 그렇게 하고 있기 때문에
우리도 그렇게 하는 것이다.
하지만 제1원칙 사고를 따른다면,
사물을 가장 근본적인 진리로 압축한 다음,
거기서부터 추론해 나갈 수 있다."

_ 일론 머스크

제1장

왜 제1원칙 사고가
필요한가?

FIRST
PRINCIPLES
THINKING

오늘날과 같은 복잡하고 빠르게 변화하는 시대에는 문제 해결 능력과 창의적 사고가 어느 때보다 중요해지고 있다. 대부분의 분야에서 경쟁이 심화되고, 소비자의 요구와 시장 환경 역시 끊임없이 변동하고 있다. 이에 발 빠르게 대응하지 못하면 기업은 물론이고, 개인조차도 도태될 위험이 커진다. 이러한 상황에서 흔히 택하는 방식은 과거에 입증된 성공 사례나 익숙한 업무 방식을 그대로 답습하는 것이다. 그러나 이는 과거에나 통했을 법한 해법에 집착하도록 만들며, 점점 더 복잡해지는 현실의 도전 과제를 근본적으로 해결하지 못하게 한다.

이러한 문제의식을 바탕으로 최근 많은 경영인과 전문가들이 주목하는 사고방식이 바로 '제1원칙 사고First Principles Thinking'이다. 제1원칙 사고란 가장 기초적이고 분해할 수 없는 수준까지 문제를 해체하여, 그 근본 원리로부터 다시 접근하는 사고법을 의미한다. 즉, 문제가 지닌 본질과 핵심 요소를 명확히 파악한 뒤, 기존 관행이나 상식에 얽매이지 않고 새로운 해법을 모색하는 것이다. 이는 복잡한 조직 구조나 전통적 규칙에 사로잡힌 사고방식을 과감히 벗어남으로써, 남들이 시도하지 않았던 혁신을 끌어낼 가능성을 크게 높여 준다.

본 장에서는 제1원칙 사고가 왜 현대 사회에서 점점 중요해지고 있는지, 그리고 특히 직장인이나 창업을 꿈꾸는 독자에게 어떤 가치를 지니는지를 다룰 것이다. 이미 몸에 밴 관습과 습관적인 사고 체계를 잠시 멈추고, 근본적 원점에서부터 문제를 재검토해 보는 과정이 무엇을 의미하며, 그것이 어떤 식으로 사고의 지평을 넓혀 주는지 다양한 사례와 경험을 통해 구체적으로 살펴볼 것이다. 더 나아가, 일상의 작은 호기심에서 출발해 업무 환경이나 창업 아이디어 개발 과정에 이르기까지, 제1원칙 사고를 체득하고 실천하는 방법도 함께 제시하고자 한다.

익숙한 사고방식이 만든 함정

많은 사람이 일상적인 문제 해결 상황에서 이미 확립된 관행과 과거의 성공 사례에 크게 의존하는 습관을 지니고 있다. 예컨대 "지난번 프로젝트 때 이 방식이 잘 통했으니, 이번에도 같은 방법을 쓰면 된다"라고 생각하거나, "업계 표준 매뉴얼에 따르기만 하면 문제가 없을 것"이라고 확신하는 모습을 흔히 볼 수 있다. 겉으로는 합리적으로 보이지만, 이는 한편으로 근본적인 혁신을 가로막는 장벽이 될 수 있다.

왜냐하면 이러한 습관적 접근은 문제가 발생하는 '뿌리'에 도달하기보다, 과거의 사례가 제시하는 '표면적 해결책'을 그대로 가져오는 데 그치기 쉽기 때문이다. 이는 새로운 관점이나 창의적 발상을 고려할 여지를 남기지 않으며, 오히려 관행을 고수하도록 부추긴다. 특히 오늘날처럼 시장과 기술이 급변하는 시대에는, 얼마 전까지만 해도 효과가 입증되었던 방식이 순식간에 낡은 수단이 되어버릴 수 있다. 기업 입장에서는 "항상 해오던 대로"를 반복하다가, 어느 순간 경쟁자나 다른 시장 변화에 대응하지 못해 뒤처지는 결과를 초래하기도 한다.

실제 사례를 살펴보면, 한때 시장을 선도하던 기업이 변화를 감지하지 못하고 과거의 성공 공식에 집착함으로써 몰락의 길을 밟는 모습을 자주 볼 수 있다. 예를 들어 전통 산업에서 장기간 높은 점유율을 유지하던 회사가, 돌연 등장한 혁신 스타트업의 사업 모델에 대응하지 못해 급격히 시장에서 지위를 잃는 사례가 대표적이다. 과거 방식이 유효하다는 믿음에 사로잡혀 제품이나 서비스의 본질적인 혁신 대신, 이미 틀에 박힌 전략을 고집하는 사이, 소비자의 기호와 기술 환경은 빠르게 변화해 버린다. 결과적으로 경쟁에서 밀려난 회사는 시장 흐름에 뒤처졌다는 사실을 뒤늦게 깨닫고 큰 비용을 치르게 된다.

이러한 문제점을 해결하기 위해서는 우리 스스로 당연하게 여겨 온 것들을 의심해 보고, 그 밑바탕에 깔린 가정들을 다시 살펴보는 태도가 필수적이다. 이를 위해 제1원칙 사고는 "현재 우리가 지키고 있는 규칙이나 절차가 정말로 필요하며 가장 최선인가?"라는 질문을 반복해 던지도록 이끈다. 문제를 가장 작은 구성 요소로 분해해 분석하고, 변경이 불가능한 물리적·기술적 한계와 단지 관행에 불과한 요소를 구분할 수 있다면, 지금까지 발견하지 못했던 새로운 기회를 찾을 가능성이 훨씬 커진다.

사소해 보이는 의문 하나가 예상치 못한 대전환을 불러올 수 있다는 점도 주목할 만하다. 예컨대 한 스타트업이 "택시는 길에서 직접 잡아야 한다"라는 고정관념을 깨고, 스마트폰으로 실시간 호출하는 서비스를 출시함으로써 거대한 모빌리티 혁신을 이뤄낸 사례가 있다. 사람들은 대부분 "택시는 원래 손을 흔들어 잡는 것"이라고 믿어 의심치 않았지만, 이를 당연하게 받아들이지 않은 신생 기업이 근본적인 시각 전환을 통해 새로운 시장을 창출한 것이다. 이처럼 '기존 상식' 또는 '과거의 성공 공식'이 지배하는 곳에 작은 의문 하나를 던지는 것만으로도, 파괴적인 혁신을 시작할 수 있다는 사실을 보여준다.

관성을 깨고 첫걸음을 내딛다

결국 관성적인 사고에서 벗어나려면 스스로에게 "과연 이것이 절대적으로 옳은가? 정말로 변경 불가능한 부분인가?"라는 질문을 끊임없이 던져야 한다. "동료들이나 선배들이 늘 이렇게 해왔다"라는 이유만으로, 혹은 "과거에 성공했으니 이번에도 성공할 것"이라는 막연한 확신으로 그대로 따라가서는 안 된다. 오히려 표면적 유사성만으로 해법을 차용하기보다는, 그 문제나 아이디어의 '본질'을 다시 파악하려는 노력이 필요하다.

이는 특별한 기술이나 대규모 연구개발 투자만으로 달성되는 것이 아니라, 일상에서 의식을 가지고 관행을 되돌아보는 훈련으로부터 비롯된다. 집에서 사용하는 물건을 보더라도, "왜 이 도구는 이런 형태를 하고 있는가?", "정말 이 기능만 필요한가?", "비용은 왜 이렇게 책정되었는가?"를 의문 삼으면, 새로운 발명이나 서비스에 대한 아이디어가 떠오르기도 한다. 마찬가지로 회사에서 반복되는 의사결정 절차나 보고 체계 또한, 그 구조가 가장 이상적인 방식인지 다시금 점검해야 한다. "중간 보고 단계를 줄이면 시간과 자원을 절약할 수 있지 않을까?", "이 서류 작업이 정말로 필요한지, 혹은 단지 오래된 관행일 뿐은 아닌지?"라는 질문을 던져 볼 수 있다.

이처럼 오래된 관행에 '낯선 시선'을 투영할 수 있는 능력이 바로 혁신의 출발점이 되며, 이는 제1원칙 사고와 직결된다. 작은 호기심에서 시작된 질문도, 그것이 근본 원리와 맞닿아 있다면 의외로 큰 변화를 촉발할 수 있다. 본 장 이후로는 실제 현장에서 제1원칙 사고가 어떻게 발휘되는지, 다양한 사례와 함께 살펴볼 예정이다. 이를 통해 독자들은 기존 사고방식의 위험성을 자각하고, 근본으로부터 문제에 접근하는 구체적인 방법을 터득하게 될 것이다.

요컨대, 현대 사회에서 제1원칙 사고는 더 이상 선택이 아닌 필수라 해도 과언이 아니다. 세계 시장이 빠르게 재편되고 기술 융합이 가속화되는 시대에는, 기존 성공 방식을 그대로 답습하는 것만으로는 경쟁 우위를 유지하기 어렵다. 직장인이든 창업 희망자든, 한발 물러나 문제의 본질을 다시 정의하는 능력을 갖추지 못한다면 무수히 생겨나는 혁신의 기회를 놓칠 수도 있다. 그러므로 익숙한 관성으로부터 스스로를 분리해 내고, "왜 그것이 당연한가?"라는 근본적인 질문을 던질 수 있어야 한다. 작지만 강렬한 의문이 변화의 첫걸음이 되며, 그 첫걸음을 과감히 내딛는 태도가 바로 제1원칙 사고의 핵심이자 현대인이 갖추어야 할 필수 역량이다.

일론 머스크의 질문: "왜 그렇게 해야 하는가?"

일론 머스크가 던진 질문은 언제나 "왜 그렇게 해야 하는가?"라는 근본적 의문으로 귀결된다. 그는 기존 자동차 업계에서 늘 당연하게 받아들이던 전기차 배터리의 고비용 구조를 보며 "전기차 배터리는 왜 비싼가?"라는 물음에서 출발했다. 대부분의 사람이 배터리는 원래 비싼 것이라고 굳게 믿고 있던 시점에, 머스크는 배터리를 구성하는 각 요소를 원자재 단위로 철저히 쪼개고 그 원가를 꼼꼼히 따져봤다. 그러자 실제 원료 자체는 생각보다 비싸지 않았으며, 정작 불필요한 제조 공정과 업계의 관행이 배터리 가격을 높이고 있었다는 사실을 발견했다. 이를 토대로 그는 테슬라의 엔지니어들과 함께 배터리 생산 방식을 근본부터 혁신했고, 그 결과 전기차의 가격을 기존 업계가 상상하지 못한 수준으로 낮추는 데 성공했다.

머스크의 시도는 우주 산업에서도 그대로 이어졌다. 로켓 발사가 천문학적인 비용을 요구하는 것은 어쩔 수 없다는 일반적 믿음이 지배적이던 시기에, 그는 "로켓 발사는 왜 반드시 비싸야만 하는가?"라는 질문으로 스페이스X^{SpaceX}를 설립했다. 로켓을 구성하는 부품과 재료의 단가를 기초부터 따져본 결과, 실제 재료비가 전체 비용에서 차지하는 비중은 미미한 수준에 불과했다. 여기에서 착안해 그는 로켓 재사용과 자체 제작이라는 혁신적 방식을 도입했고, 이를 통해 발사 비용을 획기적으로 낮춤으로써 아무도 예상치 못한 저비용 우주 발사 시대를 열었다.

머스크가 보여준 이러한 접근 방식은 수많은 스타트업에도 큰 영감을 주었다. 당연히 길거리에서 택시를 잡아야 한다고 여겼던 사고방식을 깨고 스마트폰 앱을 통해 차량을 부르는 서비스를 구현한 기업이 생겨났고, 숙박은 호텔에서 하는 것이라는 상식을 깨고 일반 가정집을 여행객에게 연결해주는 플랫폼을 만든 회사도 나타났다. 업계에서 관행처럼 굳어 있던 전통적 방식이나 고정관념을 돌아보게 만드는 작은 질문이 새로운 비즈니스 기회를 열어준 셈이다.

이런 원리는 일상생활에도 적용할 수 있다. 예를 들어 매일 비싼 커피를 사 마시는 행위를 당연하게 받아들이지 않고 "왜 비싼 커피를 꼭 사 마셔야 하는가?"라고 물어보거나, 회사의 정해진 출근 시간을 묵묵히 따르기 전에 "왜 정해진 시각에 맞춰 출퇴근해야만 하는가?"라고 의문을 제기해볼 수 있다. 이렇게 습관적으로 해오던 행동을 근본부터 다시 생각해보면, 이전에 간과했던 새로운 아이디어나 개선점을 발견할 수 있다. 머스크가 보여준 "왜 그렇게 해야 하는가?"라는 물음은 이러한 관성적 사고를 깨뜨리는 시작점이며, 일상에서조차 혁신의 씨앗을 틔울 기회를 제공한다.

제1원칙 사고란 무엇인가?

제1원칙 사고를 이해하기 위해서는 먼저 그 철학적 기원을 살펴볼 필요가 있다. 이 개념은 고대 그리스의 철학자 아리스토텔레스가 말한 "모든 사고와 추론의 출발점이 되는 가장 근본적인 원리"에서 비롯된다. 다시 말해 더 이상 쪼개거나 근거를 따질 수 없는 논리적이며 사실적인 토대를 의미한다. 아리스토텔레스는 현실 세계를 올바로 이해하고 복잡한 문제를 분석하기 위해서는 그러한 가장 근본적인 전제로 돌아가야 한다고 주장하였는데, 이를 통해 표면적인 가정이나 편견에서 벗어나 문제를 한층 더 본질적으로 파악할 수 있다고 보았다.

물리학이나 수학 등과 같은 과학 분야에서도 이러한 접근 방식은 매우 중요한 역할을 한다. 과학자들은 복잡한 현상을 설명하려 할 때, 단순히 과거 사례의 경험적 법칙을 적용하거나 유사성을 찾는 데 그치지 않는다. 대신 뉴턴의 운동 법칙이나 에너지 보존 법칙 등 확고한 기본 원리를 먼저 고려하고, 이를 바탕으로 문제를 근본적으로 해석한다. 이를 통해 외견상 복잡해 보이는 상황에서도 중심이 되는 인과관계를 명확히 드러낼 수 있으며, 궁극적으로 일관된 결론에 도달할 수 있다. 수학 역시 공리나 정의라는 더 이상 증명이 불가능한 가장 기초적 전제를 설정하고, 그 위에 여러 정리를 쌓아 올리는 구조를 취한다. 이처럼 가장 낮은 단계에서부터 출발하는 체계적 접근이 바로 제1원칙 사고의 과학적 기반이라 할 수 있다.

이제 이러한 철학적·과학적 사고법을 비즈니스 영역에 접목해 보면, 기존의 관행이나 과거의 성공 공식만으로는 설명하기 어려운 혁신의 가능성을 발견할 수 있다. 일반적인 문제 해결 과정에서는 주로 업계 모범 사례를 답습하거나 남들이 이미 시도하여 입증한 방법을 유추적으로 적용하는 경향이 강하다. 그러나 시장의 움직임이 빠르게 바뀌고 새로운 기술이 끊임없이 등장하는 현대 사회에서는 과거 방식이 무용지물이 될 수도 있다. 제1원칙 사고는 여기에서 생기는 한계를 극복하기 위한 유효한 방법론을 제시한다. 모든 가정과 전제를 잠시 내려놓고, "지금 우리가 가장 근본적으로 추구해야 하는 것이 무엇인가"를 먼저 질문함으로써 새로운 길을 열 수 있기 때문이다.

문제를 실제로 구성하는 요소들을 하나하나 분석하고, 당연하다고 여겼던 고정관념이나 관행을 최대한 배제하는 과정은 위험 부담을 수반하기도 한다. 그럼에도 불구하고 많은 혁신 기업이 이 과정을 기꺼이 감수하는 이유는, 근본을 재검토할 때 훨씬 큰 효율성과 가치를 창출할 수 있다는 사실을 몸소 체감했기 때문이다.

예를 들어 물류 업계에서 한 신생 기업이 고객이 진정 원하는 것이 '신속하고 안전한 배송'이라는 사실에 집중하여 복잡한 거점 창고와 재고 관리 단계를 대폭 줄였던 사례가 있다. 이 회사는 "물류라면 당연히 대규모 시설과 여러 단계의 과정을 갖춰야 한다"라는 통념을 처음부터 의심했고, 인공지능 기술을 활용해 주어진 자원을 효율적으로 운용하는 새로운 방식을 설계하였다. 그 결과 비용과 시간을 동시에 절감하면서도 기존 업체와는 전혀 다른 네트워크를 구축할 수 있었다. 업계 전문가들은 이러한 시도가 위험하거나 무모하다고 보았으나, 해당 기업은 관행을 뛰어넘어 오히려 보다 높은 수준의 편익을 제공하는 서비스 모델을 정착시켰다.

이 같은 물류 혁신 사례에서 확인할 수 있듯이, 제1원칙 사고란 최종적으로 우리가 해결하려는 문제의 본질과 사용 가능한 자원이 정확히 무엇인지 파악하는 과정에서 큰 힘을 발휘한다. 대부분의 기업이나 개인이 이미 익숙해진 방식을 따르는 동안, 근본적 질문을 던지고 전혀 다른 방법론을 시도해 보는 행위가 경쟁 우위를 확보하는 핵심 동력이 되기도 한다. 사람들은 대체로 "이런 절차는 원래 필요한 것"이라거나 "이 정도 비용은 감수해야 하는 것"이라고 믿지만, 실제로는 문제를 구성하는 요소들을 분해해 보면 의외로 쓸데없는 단계나 과도한 지출이 존재하기도 한다. 제1원칙 사고는 이러한 낭비와 비효율을 근본에서부터 발견하고 제거하게 하는 도구가 된다.

결국 제1원칙 사고란, 익숙함을 추구하기보다는 근본 원리에 집중하여 문제를 혁신적으로 재정의하고 해결하는 사고방식을 일컫는다. 이는 어느 한 분야에만 한정된 개념이 아니라, 철학과 과학으로부터 출발하여 현대의 비즈니스 현장과 실무에까지 두루 활용될 수 있는 포괄적인 접근법이다. 현대 사회의 복잡성과 경쟁 양상을 고려할 때, 제1원칙 사고를 통해 근본으로 돌아가려는 태도는 더 이상 선택이 아니라 필수적인 역량으로 평가되며, 이는 혁신적인 결과를 만들어 내는 원동력으로 작용할 것이다.

기존 방식과 제1원칙 사고의 결정적 차이

기존의 문제 해결 방식과 제1원칙 사고는 문제에 접근하는 출발점에서부터 상당히 다른 특징을 보인다. 오랫동안 기업이나 개인이 익숙하게 사용해 온 접근법, 즉 유추적 사고는 과거에 성과가 입증된 경험과 선례를 참조하여 문제를 점진적으로 개선하려는 경향이 강하다. 예를 들어 특정 기업이 한 번 큰 성공을 거둔 마케팅 전략이 있다면, 이후 유사한 상황에 닥쳤을 때 별다른 의심 없이 다시 그 전략을 적용하거나, 업계에서 보편적으로 사용하는 매뉴얼을 그대로 가져와 현재의 문제에 맞추는 식이다. 이런 접근은 다수의 사람이 이미 검증한 안정적인 방식을 따르기 때문에 실행 과정에서 조직 내부의 반발이 적고, 결과 예측이 비교적 수월하며 위험 부담도 상대적으로 낮다는 장점이 있다. 그러나 같은 이유로 창의적 발상이나 급진적인 혁신이 나올 여지를 좁히기 때문에, 기술과 시장이 급변하는 환경에서는 새로운 기회를 놓치거나 더 나아가 생존 자체가 흔들릴 수 있다는 단점이 드러난다.

　반대로 제1원칙 사고는 문제를 해결하는 과정을 재구성하는 데서 시작한다. 성공 사례나 업계 표준에 기대지 않고, 문제를 구성하는 가장 근본적인 원리가 무엇인지 하나씩 추적하여 그 기저에서 해답을 도출하려는 태도라고 할 수 있다. 유추적 사고에서는 "이런 상황에서 과거에 이 방법이 통했다"라는 식의 접근을 통용하지만, 제1원칙 사고는 "지금 해결하려는 문제의 본질은 무엇인가"를 먼저 묻고, 그 본질을 해체해 더 이상 쪼갤 수 없는 단위까지 분석한다. 그리고 나서 완전히 새로운 해결책을 구상함으로써, 기존과는 전혀 다른 결과를 낳을 가능성을 높인다. 이 방식은 과감하고 독창적이며, 조직 내에서 검증되지 않은 아이디어이므로 쉽게 반대를 마주하거나 성공 확률에 대해 의구심을 사기 쉽다. 익숙함과 안정성을 선호하는 시각에서는 당연히 위험 부담이 커 보인다고 판단하기 마련이다.

이러한 차이로 인해 기존 방식을 선호하는 조직과 제1원칙 사고를 시도하는 이들 사이에서는 마찰이 발생하기도 한다. 예를 들어 새로운 아이디어가 제안되었을 때, 기존 접근법에 익숙한 구성원들은 "지금까지 늘 이런 식으로 해왔는데, 굳이 바꿀 필요가 있는가" 혹은 "검증된 적이 없으니 실패하면 어쩌려고 이러는가"라는 의문을 제기한다. 그들은 과거 사례나 통계를 근거로 삼아, 검증되지 않은 변화를 도입했을 때 조직이 겪을 수 있는 위험을 우려한다. 반면 제1원칙 사고를 지지하는 사람들은 현재의 관행이 이미 시대에 뒤떨어졌거나 비효율성을 내재하고 있을 가능성을 지적하면서, 관습적 방식에 안주하면 결코 혁신을 이룰 수 없다고 주장한다. 이들은 "지금의 성공 사례가 앞으로도 유효하리라는 보장이 어디 있는가"라는 의문을 던지고, 과거가 아닌 문제의 본질에서 출발해야 한다고 강조한다.

역사를 돌아보면 실제로 기존 관행이나 방식에서 벗어나는 과정에서 수많은 비판이 있었으나, 시간이 지나면서 그 시도가 옳았음이 확인된 예가 빈번히 발견된다. 예컨대, 초기 자동차의 발명이 그랬다. 말이 아닌 기계로 움직이는 차량은 처음에 비현실적이며 위험하다는 비판을 받았으나 결국 교통의 혁명을 가져왔다. 또한 스마트폰의 등장도 비슷한 사례다. 버튼 없는 휴대전화는 불편하고 시장성이 없다는 혹평을 받았지만, 이제는 현대인의 필수품이 되었다.

한때 비현실적이라 여겨졌던 기술이 결국 시장을 완전히 바꿔 놓거나, 불가능이라 단언되었던 사업 모델이 오히려 파괴적인 혁신을 일으키며 새로운 표준이 되는 사례가 그렇다. 단지 선례가 없다는 이유로, 혹은 기존과 다르다는 이유만으로 시도를 배척했다면 큰 도약을 만들어 낼 기회를 영영 잃어버렸을지도 모른다. 그만큼 혁신의 역사는 관습을 깨뜨리는 데서 비롯되는 경우가 많았고, 당시에 파격적이었던 생각이 훗날에는 오히려 필수적인 표준이 되는 아이러니를 자주 목격할 수 있다.

이런 맥락에서 보면, 기성 방식을 따르는 것이 결코 잘못된 결정이라고 단정할 수는 없지만, 업계나 시장이 급격히 변화하는 국면에서 그 한계가 명확해진다는 점에 주목해야 한다. 문제는 조직이나 개인이 어느 쪽을 절대적으로 고수하느냐가 아니라, 두 접근법의 장단점을 적절히 활용하고 균형을 맞추는 태도에 달려 있다. 유추적 사고의 안정성과 예측 가능성은 필요할 때 유용하지만, 그것만으로 혁신이 가능하리라는 믿음은 위험할 수 있다. 반면 제1원칙 사고는 완전히 새로운 잠재력을 열어줄 수 있지만, 실현 과정에서 높은 실패 위험과 내부 갈등을 유발할 수 있다는 사실도 무시할 수 없다. 따라서 조직이나 개인은 스스로의 상황과 목표를 객관적으로 진단하여, 익숙한 방식을 적용할 것인지, 근본을 다시 점검할 것인지 판단하는 능동적인 태도가 필요하다.

결국 남들이 당연하다고 여기는 관행에 대해 근본적인 질문을 던지고, 그 답을 가장 기초적인 원리에서부터 찾아가려는 용기가 없다면, 기존 방식을 개선하거나 모방하는 차원에만 머무를 가능성이 크다. 반대로 끊임없이 "이 문제의 근원은 무엇인가?"를 묻는 사람이 있다면, 기존과 전혀 다른 방식으로 시장을 재편하거나 새로운 분야를 개척할 기회를 움켜쥘 수 있다. 이는 성공적 혁신의 토대를 마련하는 출발점이자, 역사적으로 진일보한 성과가 어떻게 탄생했는지를 설명해 주는 단서가 되기도 한다. 따라서 사람들은 여전히 편안하고 익숙한 유추적 사고에 안주하기 쉽지만, 끊임없이 의문을 던지고 근본으로 되돌아가려는 태도가 장기적인 관점에서 더 큰 가치와 경쟁력을 창출할 수 있음을 인식해야 한다.

직장인과 창업자가 제1원칙 사고를 써야 하는 이유

직장인이나 창업자가 제1원칙 사고를 활용할 때는 거창한 미래 산업이나 특별한 분야만을 떠올릴 필요가 없다. 오히려 일상 업무나 개인의 비즈니스 환경에서도 충분히 적용할 수 있다는 점이 중요하다. 현재 익숙하게 해오던 일들을 가장 근본적인 단계부터 다시 살펴보고, 그것이 과연 타당한지 혹은 더 효율적인 방법이 존재하는지를 의심하는 태도가 출발점이 된다. 익숙함 속에 묻혀 있는 불합리함이나 낭비 요소를 찾아내고 개선할 여지를 모색함으로써, 기존에 고착된 방식이나 고정관념을 새롭게 재구성할 수 있다.

직장인에게 제1원칙 사고는 과거부터 반복되며 당연시한 관습이나 관행을 다시 들여다보는 과정에서 드러난다. 예를 들어 회의를 진행할 때마다 모든 부서원이 한자리에 모여 직접 얼굴을 마주 보고 논의해야만 효율이 높다고 믿어 왔다면, 과연 이 방식이 무조건 옳은지 재고해 볼 수 있다. 때에 따라서는 서면

보고나 이메일, 메신저를 통한 신속한 의사결정이 더 합리적일 수 있으며, 회의실에 모이는 데 걸리는 시간과 자원을 절약할 수 있다는 장점도 고려될 수 있다. 보고서 작성의 경우에도 반드시 파워포인트 형식에 맞춰야 한다고 여겼던 고정관념을 벗어나, 보다 간결하고 명확한 방식으로 의도를 전달할 수 있는 다른 대안을 모색해 보는 것이 가능하다. 이러한 작은 변화들이 처음에는 미미해 보일 수 있으나, 계속해서 개선의 여지가 발견되고 누적되면 장기적으로는 업무 효율과 창의성에 상당한 영향을 미칠 수 있다.

창업자에게 제1원칙 사고는 더욱 필수적인 요소로 작용한다. 창업 과정은 기존에 통용되던 방식을 넘어 새로운 가치를 창출하는 행위이므로, 기존 통념에 얽매이지 않고 근본부터 다시 사고하는 능력이 필요하다. 모든 사람이 당연하다고 믿는 패턴이나 관행, 혹은 사업 운영 방식에 대하여 "이것이 정말로 유일한 정답인가?"라는 질문을 지속적으로 던져야 하며, 그러한 근본적인 의문에서 혁신적인 비즈니스 모델이 탄생할 가능성이 높아진다. 과거 소프트웨어 시장에서 소프트웨어를 유료로 판매해야만 수익을 낼 수 있다고 여겨지던 시기에, 이를 뒤집고 무료로 배포하면서 부가 서비스나 특정 기능에 비용을 부과하는 새로운 모델이 등장해 큰 성공을 거둔 사례는 대표적인 예시라고 할 수 있다. 이런 변화는 기존의 상식을 부정하는 지점에서 출발했으며, 계속해서 "왜 이 방식이어야 하는가?"라는 질문을 반복한 결과 혁신이 이루어졌다는 사실이 핵심이다.

지금 시점에서 자신이 몸담고 있는 업무 환경이나 생활 전반에 걸쳐 당연하다고 여기는 요소들을 하나씩 찾아내고, 그것들을 정말로 그대로 유지해야 하는지 신중히 점검해 보자. 이러한 실천이 제1원칙 사고의 습관을 기르는 일이다. 이러한 사고 습관은 비록 처음에는 작은 부분에서 변화의 단초를 마련하는 것처럼 보이지만, 결국 더 근본적인 차원의 변화를 유도하고 혁신으로 이어질 수 있는 원동력이 된다. 언제든 무심코 받아들인 관행을 의심하고, 더 나은 대안은 없을지 질문하는 태도를 지속적으로 유지한다면 일상과 비즈니스 전반에서 새로운 가능성을 발견하게 될 것이며, 그것이 결국 더욱 깊고 폭넓은 변화로 이어질 것이다.

제2장

제1원칙 사고란
무엇인가?

FIRST
PRINCIPLES
THINKING

제1원칙 사고의 정의

이 장에서는 제1원칙 사고first-principles thinking의 개념을 철학적, 과학적 관점에서 깊이 있게 살핀다. 이 접근법이 가진 실제적인 유용성이나 비즈니스 분야에서의 사례는 3장에서 따로 다룰 예정이며, 구체적인 연습법은 그 이후 장에서 논의한다. 여기에서는 제1원칙 사고라는 개념 자체에만 초점을 맞추어, 독자가 이 사고방식의 본질을 온전히 이해하도록 돕는다.

제1원칙 사고는 주어진 문제를 가장 기본적이고 근본적인 진리나 사실의 수준까지 철저히 분해한 뒤, 거기에서부터 논리를 단계적으로 구성해 나가는 방식이다. 이는 흔히 사람들이 쓰는 전통적인 사고법, 즉 과거의 사례나 기존의 통념을 바탕으로 유추하거나 이미 인정된 명제를 바탕으로 연역하는 것과는 근본적인 차이가 있다. 다시 말해 제1원칙 사고는 이미 존재하는 권위나 관행, 혹은 타인의 견해를 그대로 받아들이는 대신, 의심의 여지가 없는 가장 본질적인 사실만을 토대로 새로운 결론을 끌어낸다.

연역적 사고방식의 경우, 일반적으로 받아들여진 명제나 전제로부터 논리적으로 구체적인 결론을 도출하는 구조를 가진다. 예를 들어 "모든 A는 B이다"라는 전제가 참이라고 가정하면 특정 대상이 A임을 알았을 때, 당연히 그 대상이 B라는 결론을 내릴 수 있다. 그러나 이러한 방식은 그 전제가 반드시 궁극적 진리라는 보장이 없으며, 전제 자체가 참인 이유를 근본적으로 따지지는 않는다. 반면에 제1원칙 사고는 출발점이 되는 전제 자체를 철저하게 분석하고, 그 근본적 진위를 명확히 하는 것에서 시작한다.

유추적 사고방식은 기존에 유사한 사례나 이미 검증된 다른 분야의 경험을 통해 새로운 문제를 해결하려는 방식이다. 유추는 현실적이고 빠르게 판단을 내리는 데는 유용하지만, 완전히 새로운 해결책을 찾는 데 한계가 있다. 일론 머스크는 이러한 한계를 지적하며, "물리학은 유추가 아니라 제1원칙을 기반으로 생각하도록 가르친다"라고 말한 바 있다. 즉, 사람들 대부분 기존 사례에 지나치게 의존하여 사고하지만, 제1원칙 사고는 그 틀을 깨고 문제의 본질에서부터 출발하도록 유도한다.

제1원칙 사고가 주목받고 있는 이유는, 복잡한 문제를 근본까지 철저하게 분해하여 본질적인 문제 해결의 실마리를 제공하기 때문이다. 이 접근법을 통해 사람들은 다른 이들이 어떻게 문제를 해결했는지보다 문제의 본질을 정확히 꿰뚫어 보고 그것에 집중할 수 있게 된다. 실제로 제1원칙 사고는 창의성과 독창성을 극대화하는 매우 효과적인 방법으로 평가되며, 혁신적이고 근본적인 해결책을 도출하는 데 탁월한 전략으로 인정받는다. 현대를 대표하는 혁신가와 사상가들이 이 사고법을 적극 활용하고 있으며, 다음 장에 소개할 다양한 혁신 사례들도 제1원칙 사고의 진정한 가치를 뚜렷하게 보여줄 것이다.

아리스토텔레스가 시작한 사고 혁명

제1원칙 사고first-principles thinking의 철학적 기원은 고대 그리스 시대부터 시작된 근본적인 탐구 방식에서 출발한다. 특히 아리스토텔레스는 철학의 역사에서 '제1원리first principle'라는 개념을 명확히 정립한 인물로 평가된다. 아리스토텔레스에게 '제1원리'는 더 이상 분해하거나 분석할 수 없는 궁극적이고 최종적인 기초, 즉 모든 인식과 논리적 추론의 출발점이 되는 기본 진리를 의미했다. 그는 이것을 "어떤 사물을 인식할 때 가장 첫 번째로 근거가 되는 원리"라고 표현했으며, 이는 곧 우리가 어떠한 사물을 파악하거나 지식을 얻는 과정에서 최종적으로 도달하게 되는 근본적인 기반을 가리킨다.

아리스토텔레스가 제1원리의 중요성을 강조한 이유는 모든 진정한 지식과 논증은 궁극적으로 의심할 수 없는 명백한 진리에서 출발해야 한다고 믿었기 때문이다. 수학에서 공리公理, axiom가 그러한 역할을 수행하는 것처럼, 철학적 · 과학적 탐구에서도 모든 논증의 기초를 이루는 가장 근본적인 원리가 필요하다고 본 것이다. 이러한 원리는 증명의 대상이 되지 않으며, 그 자체로 자명한 진리로 받아들여진다. 그는 이런 제1원리를 얻는 방법으로 관찰과 경험을 통한 귀납적 접근을 중시했다. 즉, 수많은 개별적 현상들을 반복적으로 관찰하고 분석함으로써, 그 안에 담긴 공통된 속성이나 보편적 진리를 발견할 수 있다고 보았다. 아리스토텔레스는 "여러 사례를 충분히 관찰하고 분석하다 보면, 그 속에 숨어 있는 보편적인 원리가 자연스럽게 드러난다"고 주장하며, 경험을 통해 제1원리를 인식하는 귀납적 과정을 설명했다.

이러한 아리스토텔레스의 입장은 같은 시대의 철학자인 플라톤의 견해와 극명한 대비를 이룬다. 플라톤은 인간이 진정한 지식을 얻기 위해서는 감각 세계가 아니라 감각 너머에 존재하는 이상적인 형상(이데아Idea)을 인식해야 한다고 주장했다. 즉, 그에게 있어서 진정한 지식의 대상은 눈에 보이는 구체적인 사물이 아니라, 오히려 감각적 경험과 상관없이 순수한 이성으로만 파악 가능한 완전한 형상이었다. 플라톤에 따르면 인간은 본래 태어나기 이전에 이데아를 이미 알았으며, 이 세상에서 우리가 얻는 지식은 단지 그 본래의 기억을 되살리는 상기想起, anamnesis 과정에 불과하다고 했다. 이러한 견해는 지식의 근원을 경험보다는 이성과 선천적인 원리에 둔다는 점에서 합리론적 성격을 띠고 있다.

반면 아리스토텔레스는 플라톤과 달리 현실 세계에 실재하는 개별적이고 구체적인 사물들에 주목했다. 그는 감각적 경험을 중요하게 여기며, 직접적인 관찰과 분석을 통해 개별 사례들로부터 귀납적 방식으로 제1원리 또는 보편적인 개념을 이끌어 냈다. 그 후 이렇게 도출된 보편적 원리를 바탕으로 논리적이고 연역적인 방식으로 구체적이고 특수한 결론을 추론했다. 이러한 과정을 통해 아리스토텔레스는 지식의 체계를 세우고, 그 궁극적 토대를 탐구하는 학문을 '제1철학First Philosophy'이라 불렀는데, 이는 나중에 우리가 형이상학Metaphysics이라고 부르게 된 분야이다. 형이상학은 현실 세계의 물리적이고 경험적인 현상들을 넘어서는, 근본적이고 본질적인 원리들에 대한 연구로 자리 잡았다.

제1원리와 같은 확실한 진리를 탐구하려는 시도는 근대 철학으로 이어져, 특히 르네 데카르트René Descartes에 의해 다시 한번 중요하게 다루어진다. 데카르트는 철저히 의심하는 방법, 즉 '방법적 회의Cartesian doubt'를 통해 모든 신념과 지식들을 일단 보류하고, 의심할 수 없는 절대적인 확실성을 지닌 근본 원리를 찾고자 했다. 그가 추구한 것은 조금이라도 의심할 여지가 있는 모든 것을 배제하고 남는 유일한 확실한 진리를 발견하는 것이었다. 그렇게 얻어진 진리가 바로 유명한 "나는 생각한다, 고로 존재한다Cogito, ergo sum"라는 명제이다. 데카르트에게 있어서 이 명제는 의심의 여지가 없는 절대적 확실성을 가진 제1원리로서, 모든 지식을 다시금 쌓아 올릴 수 있는 출발점이 되었다.

이러한 데카르트의 사유는 제1원칙 사고와 본질적으로 같은 맥락을 공유한다. 즉, 불확실하거나 단순히 관습적 · 권위적인 지식을 배제하고, 가장 근본적이며 의심할 수 없는 본질적 사실에서 시작하여 명료하고 확실한 지식의 구조를 구축하고자 하는 시도인 것이다. 데카르트 이후로 많은 근대 철학자와 사상가들 또한 제1원리나 제1원칙을 설정하여 철학적·과학적 지식을 보다 견고히 구축하려는 시도를 이어갔고, 이는 현대 과학의 방법론과 사고방식에도 깊은 영향을 주었다.

결국 제1원칙 사고의 철학적 기원은 아리스토텔레스에서 출발하여, 플라톤과의 철학적 차이를 명료하게 드러내며, 이후 데카르트와 같은 근대 철학자들에 의해 더 정교하게 계승되고 발전하였다. 이는 근본적으로 확실한 출발점을 찾으려는 철학적 노력과 관련되어 있으며, 오늘날에도 혁신과 창의적 문제 해결을 위한 중요한 사유 방식으로 평가받고 있다.

과학은 어떻게 제1원칙 사고를 활용하는가

제1원칙 사고는 과학의 본질적 발전과 깊은 관련을 맺고 있다. 과학은 기본적으로 자연 현상 뒤에 숨겨진 법칙과 원리를 발견하는 학문이기 때문에, 본질적으로 가장 근본적인 진리를 찾는 제1원칙 사고와 밀접하게 연결될 수밖에 없다. 과학에서 제1원칙 사고는 주로, 기존에 관측된 여러 현상이나 데이터들을 근본적인 법칙이나 원리로 설명하고, 그 원리에서 출발하여 다시 더 넓은 현상들을 이해하는 과정을 의미한다.

물리학의 발전 과정을 보면 제1원칙 사고의 적용이 특히 뚜렷하게 나타난다. 17세기의 대표적 과학 혁명가인 아이작 뉴턴Isaac Newton의 경우, 당시 이미 알려져 있던 행성 운동에 관한 케플러 법칙을 보다 근본적인 첫 원리로 설명하려고 시도했다. 케플러는 관측을 바탕으로 행성들이 타원 궤도를 돈다고 밝혔으나, 뉴턴은 여기서 더 나아가 그 현상 배후에 근본적이고 보편적인 원리를 찾아냈다. 그는 이 과정을 통해 우주의 모든 물체가 서로 당기는 힘, 즉 '만유인력gravity'이라는 보편적 법칙을 도출하였다. 이로써 행성의 운동뿐만 아니라 지상에서 물체가 떨어지는 현상까지 하나의 원리로 설명하게 되었다. 뉴턴의 접근은 단순히 기존의 관찰 결과를 정리한 수준을 넘어, 가장 근본적인 진리로부터 현상을 이해하고자 하는 제1원칙 사고의 전형적인 예로 평가받는다.

알버트 아인슈타인의 특수상대성이론은 복잡해 보이는 물리 현상을 근본적이고 단순한 원칙으로부터 설명해낸, 제1원칙 사고의 대표적 사례로 꼽힌다. 특수상대성이론이 등장하기 전에도 물리학자들은 로렌츠변환Lorentz transformation이라는 수학적 도구를 사용해서 빛의 속도와 관련된 현상을 기술하고 있었다. 그러나 당시 물리학자들은 이 현상을 수학적으로는 묘사했지만, 왜 그런 수식이 성립하는지, 그 현상의 근본적인 원인이 무엇인지에 대해 명확한 설명을 제시하지 못한 상태였다.

아인슈타인은 이 문제를 풀기 위해 가장 단순하면서도 근본적인 두 가지 가정에서 출발했다. 첫째는 "빛의 속도는 누가 측정하든, 어떻게 움직이든 항상 일정하다"라는 가정이다. 둘째는 "어떤 기준에서 보든 모든 물리 법칙은 똑같이 적용되어야 한다"라는 원칙이다. 이 두 가지 전제는 매우 간단해 보이지만, 당시 사람들의 일반적 상식과 직관에는 쉽게 맞지 않았다. 특히 빛의 속도가 관찰자의 움직임과 관계없이 늘 일정하다는 첫 번째 가정은, 직관적으로 보면 이상한 일이었다. 예컨대 우리는 움직이는 차 안에서 다른 차를 볼 때, 서로의 속도를 고려하여 속도가 다르게 측정되는 것이 자연스럽다고 느끼는데, 아인슈타인은 빛에 대해서만큼은 그렇지 않다고 주장했기 때문이다.

하지만 아인슈타인은 기존의 직관이나 편견에 얽매이지 않고 오직 이 두 가지 근본적인 원칙을 믿고 이론을 전개했다. 그 결과 시간과 공간에 대한 사람들의 기존 개념을 완전히 새롭게 정의하는 특수상대성이론이 만들어졌다. 이 이론에 따르면 물체가 아주 빠른 속도로 움직이면, 그 물체 안에서는 시간이 더 느리게 흐르는 것처럼 관찰되고, 길이도 원래보다 짧아지는 현상이 필연적으로 발생한다. 바로 이 점 때문에 로렌츠 변환이 나타내는 현상의 근본적 이유가 분명히 설명되었고, 아인슈타인은 기존에 절대적이라고 여겨졌던 뉴턴의 시간과 공간 개념을 근본적으로 수정해야 한다는 결론에 도달했다.

결국 아인슈타인은 뉴턴이 단순한 원칙(만유인력 법칙)을 바탕으로 다양한 자연현상을 체계적으로 설명했던 것처럼, 자신 역시 아주 근본적이고 명확한 가정에서 시작해 복잡하고 혼란스러워 보이는 물리현상을 이해할 수 있는 새로운 이론 체계를 제시함으로써 제1원칙 사고가 가진 힘과 중요성을 잘 보여주었다.

수학에서 제1원칙 사고가 자리 잡게 된 근원에는 고대 그리스의 어느 햇볕 따뜻한 날, 알렉산드리아의 한 도서관에 앉아 깊은 사색에 잠긴 유클리드의 모습이 있었다. 그는 수많은 기하학적 정리가 복잡하게 얽혀 있는 현실 속에서 그것들을 좀 더 명료하게 정리할 방법을 고민하고 있었다. 수학적 진리를 밝히기 위해서는 무엇보다 가장 기본적인 원리부터 출발해야 한다는 생각이 문득 그의 머릿속을 스쳐 갔다. 그러자 그는 모래 위에 간단한 선과 점들을 그리기 시작했다. 그가 그려 놓은 선 위에는 어떠한 두 점이 직선 하나로 연결될 수 있었다. 이것은 너무나 명백하여 더 이상의 증명이 필요 없는, 스스로 완전한 진리였다. 유클리드는 이런 식으로 자명한 원리, 즉 '공리'들을 하나씩 설정하며 자신이 앞으로 나아갈 길을 닦아 나갔다. 다섯 가지 간결한 공리만 있으면 세상의 어떤 복잡한 도형이나 정리도 오차 없이 증명할 수 있다는 것이 그의 깨달음이었다.

이러한 유클리드의 공리적 접근은 이후 수학의 근본이 되었다. 수학자들은 그가 다져놓은 토대 위에 명제를 연역적으로 도출해 내는 방식을 받아들이고 발전시켰다. 수학이라는 학문의 본질은 바로 이렇게, 별도의 증명이 필요 없는 기본 명제인 '공리'를 수학적 사고의 출발점으로 삼는 것에 있다. 현대 수학 역시 마찬가지다. 수학자들은 새로운 이론을 세울 때마다 가장 먼저 분명한 공리부터 신중하게 선택하며 그 위에서 한 걸음씩 논리적이고 연역적인 방식으로 진리를 확장해 간다. 이렇듯 수학에서 제1원칙 사고는 단순히 사고방식의 하나가 아니라, 학문의 핵심이자 본질 그 자체로 지금까지 굳건히 자리 잡고 있다.

19세기 중반, 상트페테르부르크의 어느 추운 겨울밤, 한 과학자는 책상 위에 흩어진 원소들의 이름과 특성을 적은 수십 장의 카드 앞에서 고민하고 있었다. 흐트러진 머리카락, 피로한 눈빛으로 카드들을 바라보며, 드미트리 멘델레예프는 화학의 무질서함 속에 숨어 있는 질서를 찾기 위해 애썼다. 당시까지 발견된 수많은 원소가 각기 다른 성질과 무게를 가지고 있었지만, 이들 사이의 관계는 명확하지 않아 보였다. 멘델레예프는 직관적으로 무언가 깊은 본질적 질서가 존재할 것이라 믿었다.

어두운 밤이 찾아올 때쯤 지쳐 쓰러질 듯한 순간, 그는 원소들이 단순한 숫자놀음이나 우연적 배열이 아니라 본질적이고 근본적인 하나의 원칙에 따라 배열된다는 통찰을 얻었다.

그의 눈앞에서 카드들이 움직이기 시작했다. 마치 살아있는 듯 스스로 질서를 찾아 제 자리를 찾아가는 모습이었다. 무작위처럼 보였던 원소들의 성질이 원자량과 주기적으로 반복되는 특성에 따라 아름답고 규칙적인 배열로 바뀌었다. 멘델레예프는 마침내 원소 주기율표라는 화학의 새로운 지도, 곧 제1원칙에 기반한 화학의 본질적 질서를 발견하였다. 그러나 주기율표가 보여주는 원소들의 주기성과 규칙성은 근본적인 이유가 명확하지 않은 채 남겨졌다.

20세기가 되어 원자핵의 구조와 원자 번호라는 근본 개념이 밝혀지면서, 주기율표 뒤에 숨어있던 진정한 근본 원칙이 드러났다. 원자의 성질과 주기적 반복성은 원자핵 속 양성자의 개수, 즉 원자번호에 의해 근본적으로 결정되는 것이었다. 더욱이 양자역학의 발달과 함께 화학자들은 분자와 원자의 성질이 근본적인 물리법칙을 통해 예측될 수 있음을 깨닫게 되었다. 실험실에서 시행착오를 반복하지 않아도, 양자역학적 원리라는 근본적 제1원칙을 통해 분자 구조와 반응성을 이론적으로 미리 계산할 수 있게 된 것이다.

이렇게 태어난 앱이니시오$^{ab\ initio}$ 계산법은 화학 연구에 또 다른 혁명을 가져왔다. 이제 화학자들은 오로지 이론적 원리와 수학적 계산만으로도 자연의 수많은 현상을 예측하고 설명할 수 있었다. 제1원칙 사고는 화학에서 더 이상 철학적 추상이 아니라, 화학 그 자체의 중심이자 현실적인 연구 방법론으로서 자리 잡게 되었다.

생물학 역시 복잡하고 다양하게 보이는 생명의 모습을 관통하는 근본적 원리를 찾는 여정을 이어왔다. 19세기 중반, 영국의 한적한 마을에서 한 과학자가 자신의 서재에서 깊은 고민에 빠져 있었다. 찰스 다윈은 여행 중 갈라파고스 제도에서 본 서로 닮았지만 미묘하게 다른 핀치새들의 모습을 떠올리며, 왜 자연은 이렇게 많은 종을 만들어냈는지, 각각의 생물이 가진 특성은 어떻게 생겨난 것인지 궁금했다. 다윈은 생명의 다양성 뒤에 무작위적 우연이 아니라 어떤 근본적이고 단순한 원리가 숨어 있다고 확신했다. 오랜 고민 끝에 그는 생존과 번식에 유리한 특성을 가진 개체가 다음 세대에 더 많은 후손을 남긴다는, 단순하지만 강력한 원리를 깨닫고 이를 '자연선택'이라 불렀다. 이 자연선택의 원리는 수많은 생물 종의 다양성과 진화라는 복잡한 생명 현상을 설명할 수 있는 근본적 원칙이 되었다.

이후 20세기 중반, 생물학은 또 다른 근본 원리를 발견한다. 케임브리지 대학의 한 연구실에서, 제임스 왓슨과 프랜시스 크릭은 생명의 가장 깊은 비밀을 밝히기 위한 실험과 사고의 반복에 빠져 있었다. 이들이 찾아낸 DNA의 이중나선 구조는 모든 생명체가 공유하는 근본적이고 보편적인 정보 저장 원리를 드러냈다. 생명 현상이 아무리 복잡해 보이더라도, 그것이 결국 DNA라는 하나의 공통된 원리로부터 출발하여 발현되는 것임을 밝혀낸 것이다. 이 발견은 분자생물학이라는 새로운 시대를 열어놓으며 생명 현상의 이해 방식을 근본적으로 바꾸었다.

이처럼 생물학에서 제1원칙 사고는 다양한 현상의 배후에 숨어 있는 근본적 공통 법칙을 발견하고, 이를 중심으로 복잡한 현상들을 하나의 통일된 체계로 이해하는 방식으로 진화했다. 결국 과학에서 제1원칙 사고가 갖는 의미는 현상을 단순히 경험적, 개별적으로 설명하는 데 그치는 것이 아니라, 가장 기초적인 원리에서부터 엄밀하고 논리적인 연결 과정을 통해 현상을 예측하고 설명하는 데 있다. 이런 과정이 있었기에 과학은 경험적인 단편 지식에서 벗어나 보편적이고 예측 가능한 지식의 체계로 발전할 수 있었다.

시스템 사고와의 연결 고리

복잡한 현실의 문제를 분석하고 해결하기 위한 접근법으로 제1원칙 사고만큼 중요한 것이 바로 시스템 사고Systems Thinking 이다. 제1원칙 사고가 주로 문제를 가장 근본적인 원리와 사실로 나누어 분석한 다음, 그 토대로부터 새롭게 논리를 전개하는 방식이라면, 시스템 사고는 문제를 둘러싼 다양한 요소들 간의 상호작용과 전체적인 구조를 중시하며, 문제를 전체적인 시각에서 이해하고자 하는 접근법이다. 이 두 사고방식은 그 방법론과 초점이 서로 달라 얼핏 보면 별개의 독립적인 접근법처럼 보일 수도 있지만, 실제로는 매우 긴밀하게 연결되어 있고, 상호 보완적으로 작용할 수 있는 중요한 관계를 맺고 있다.

시스템 사고

시스템 사고Systems Thinking를 이해하는 데, 어느 날 한 전자제품 회사에서 벌어진 일을 예로 들어 이야기하려고 한다. 이 회사는 최근 들어 시장 점유율이 정체된 상황을 타개하고자 공격적인 마케팅 전략을 펼치기로 했다. 특히 연말 성수기를 맞아 할인과 이벤트를 집중적으로 진행하며 단기 매출 증대를 목표로 잡았다. 마케팅 부서의 계획은 성공적이어서 제품 판매량이 예상을 넘어 급격히 증가했다. 회사의 경영진은 이 결과에 만족하며 앞으로도 비슷한 전략을 지속적으로 펼칠 생각이었다.

하지만 얼마 지나지 않아 현장에서 문제가 생기기 시작했다. 마케팅 전략의 성공으로 인해 주문량이 급증하면서 생산 공장에서는 갑자기 늘어난 수요를 맞추기 위해 초과 근무와 설비 가동을 늘려야 했다. 처음엔 초과 근무가 생산성을 높였지만 곧이어 직원들의 피로도 증가와 사기 저하로 이어졌다. 무리한 생산 과정은 제품 불량률까지 높여 품질 관리 부서에도 부담을 주었고, 결국 반품과 고객 불만 사례가 늘어나 고객 서비스 부서의 업무 부담까지 증가했다.

동시에 급증한 주문량을 처리하기 위해 원자재 확보 및 공급망 관리에도 긴급한 문제가 발생했다. 예상보다 훨씬 많은 부품을 긴급 주문하다 보니 협력업체에 부담을 주고, 공급 지연이 발생하여 결국 최종 제품 출고가 지연되는 악순환을 겪었다.

재고 관리 시스템 역시 갑작스러운 수요 변동을 제대로 예측하지 못해 불필요한 과잉 재고 또는 반대로 재고 부족이 발생하는 혼란이 지속되었다.

이러한 상황에서 경영진은 시스템 사고를 기반으로 문제를 다시 살펴보기 시작했다. 그동안 개별 부서의 성과나 단기적 매출에만 초점을 맞추었던 시각에서 벗어나, 회사 전체를 하나의 커다란 상호 연결된 유기적 시스템으로 바라보기로 했다. 즉, 마케팅 활동이 단순히 판매량을 늘리는 것으로 끝나는 것이 아니라, 생산·공급망·재고 관리·고객 서비스 등과 긴밀히 연쇄 작용을 일으킨다는 사실을 이해하고, 각 부서 간 연결고리를 자세히 분석하였다.

특히 이 과정에서 중요한 역할을 하는 것이 바로 피드백 루프 Feedback Loop다. 피드백 루프란 한 영역에서 생긴 변화가 다른 영역에 영향을 미치고, 그 영향이 다시 최초의 영역으로 돌아와 또 다른 변화를 일으키는 순환적 흐름을 뜻한다. 이 회사의 사례를 예로 들면, 처음 마케팅 강화로 판매가 증가한 것이 생산 공장의 과부하를 불러왔고, 이로 인해 품질 문제가 발생해 결국 고객 서비스에 악영향을 끼쳤으며, 이는 다시 회사의 평판에 손상을 주고 장기적 매출까지 부정적 영향을 미치는 형태로 순환되었다.

경영진은 이를 깨닫고, 개별적인 문제 해결책이 아니라 시스템 전체의 흐름과 상호작용을 관리할 수 있는 전략을 수립했다. 마케팅 계획을 수립할 때부터 생산 능력과 공급망의 유연성을 함께 고려하며, 각 부서 간 소통을 강화하고 정기적으로 피드백을 공유하는 프로세스를 마련하였다. 그 결과 회사는 장기적인 관점에서 생산성 향상과 고객 만족도 증가라는 성과를 거두게 되었다.

이 사례를 통해 알 수 있듯이 시스템 사고는 문제 해결 과정에서 개별 요소가 아닌 전체 시스템이 가진 복잡한 연결 구조를 분석하고, 변화가 초래하는 다양한 영향과 상호작용을 예측하여 근본적이고 지속 가능한 해결책을 도출하는 접근법이다. 시스템 사고는 이처럼 특정 문제나 목표를 다룰 때 전체적이고 통합적인 시야를 유지할 수 있도록 돕는다.

반면 제1원칙 사고는 시스템 사고의 거시적 접근과는 다른 관점에서 출발한다. 제1원칙 사고는 복잡한 문제를 가장 기본적인 요소나 원리로 분해하고, 문제를 해결하기 위해 기존에 받아들여진 통념이나 전례, 권위적인 가정들을 철저히 배제한 채, 순전히 확실한 근본 원리에서부터 문제 해결의 실마리를 찾아 나선다. 예를 들어 앞서 과학에서 본 뉴턴이나 아인슈타인의 사례에서 보듯, 물리학에서는 근본적인 자연의 법칙을 찾아 그 법칙으로부터 현상들을 연역적으로 설명하려는 방식이 제1원칙 사고의 대표적 형태로 나타난다. 즉, 제1원칙 사고는 문제의 근본을 명확하게 파악하여 문제 자체의 본질을 정확하게 이해하게 하고, 이를 통해 창의적이고 혁신적인 해법을 제시할 수 있도록 돕는다.

이러한 두 가지 사고방식은 서로 대립적이기보다는 오히려 서로를 보완하는 방식으로 함께 활용될 때 가장 큰 효과를 발휘한다. 특히 복잡하고 다층적인 현실 문제를 다룰 때, 어느 한 가지 접근만으로는 완전한 해답을 얻기 어렵다. 따라서 제1원칙 사고로 문제의 핵심과 근본적인 전제를 재검토하고 명확하게 만든 후, 시스템 사고를 활용하여 이를 보다 넓고 복합적인 맥락에서 이해하고, 전체 시스템 내의 피드백과 상호작용을 분석하여 완전한 그림을 완성하는 방식이 이상적이다.

예를 들어, 어떤 기술 스타트업이 새로운 형태의 스마트 이동 수단을 개발하고자 한다. 이 회사의 창업자는 이미 시장에 존재하는 전기자동차나 전동스쿠터를 그대로 따라가는 것이 아니라, 근본적으로 소비자의 이동 욕구를 완전히 새롭게 충족시킬 수 있는 혁신적인 이동 수단을 만들겠다고 결심한다. 이때 창업자는 기존 시장의 제품들이나 경쟁사들이 설정한 한계를 기준점으로 삼지 않고, 철저히 제1원칙 사고에 따라 처음부터 소비자의 본질적 요구와 기술적 잠재력, 근본적인 제약 조건만을 토대로 제품 설계를 시도한다.

먼저 그는 "소비자가 진정 원하는 것은 무엇인가?"라는 질문에서 시작한다. 이동 수단이 가진 본질적 목적이 단순히 '빠르게 이동하는 것'에만 있는지, 아니면 이동 과정 자체를 보다 안전하고, 편리하고, 지속 가능하며, 심지어 즐겁게 만드는 데 있는지 근본적으로 재고한다. 이를 통해 얻은 본질적 통찰을 바탕으로, 그는 기존의 자동차 형태나 스쿠터 형태와 전혀 다른 모양의 개인 맞춤형 소형 이동 수단을 구상하기 시작한다. 그 과정에서 전통적인 차량의 구조나 제조 방식에 얽매이지 않고, 에너지 효율성을 극대화할 수 있는 배터리 기술과 안전을 보장하는 인공지능 기반 주행 보조 시스템을 핵심으로 두고 설계 개념을 재구성한다.

이러한 제1원칙 사고를 통한 혁신적 설계가 가능성을 인정받으며 팀 내에서는 큰 호응을 얻는다. 그러나 창업자는 이러한 혁신적 아이디어가 현실적으로 시장에서 성공하기 위해서는 더 많은 요소를 고려해야 한다는 점을 곧 깨닫는다. 아무리 혁신적이고 본질적으로 우수한 제품 아이디어일지라도 현실의 시장은 소비자, 생산자, 공급 업체, 규제 당국, 경쟁 업체 등이 복잡한 연결 관계를 이루고 있는 하나의 거대한 시스템이라는 것을 이해하게 되기 때문이다.

이제 창업자는 시스템 사고Systems Thinking를 적용하여 새롭게 탄생할 제품을 둘러싼 전체적인 생태계를 심도 깊이 분석하기 시작한다. 먼저 시장 생태계에서 이 제품이 어떤 위치에 놓일지 분석하면서, 새로운 이동 수단이 기존 인프라와 어떻게 결합할지, 이 제품의 출현으로 인해 어떤 새로운 소비자 수요가 생기고, 또 기존 시장에서의 반응이나 저항이 어떻게 예상되는지를 면밀하게 검토한다. 예컨대, 혁신적 이동 수단의 등장은 기존의 대중교통 시스템과 경쟁하는지 아니면 보완하는지, 정부의 규제나 안전 기준에 어떤 영향을 받을지, 그리고 시장 진입 후 소비자와의 상호작용을 통해 어떤 피드백 루프가 형성될지 등을 종합적으로 고려하는 것이다.

또한 제품의 생산과 관련하여 공급망 구조, 원자재 수급 문제, 제조 과정의 효율성 및 지속 가능성 역시 시스템 사고의 관점에서 중요하게 다룬다. 한 요소에서의 변화가 다른 영역에 어떤 연쇄적인 영향을 미치는지 분석하여, 생산 과정에서 발생할 수 있는 병목현상이나 환경적·사회적 문제를 미리 예측하고 그에 따른 전략을 수립한다. 예를 들어, 이 혁신적 이동 수단이 시장에서 성공하여 생산량이 급격히 증가할 경우, 배터리 원자재 공급망에 어떤 부담이 발생할지, 생산 공정에서의 탄소

배출량 증가가 오히려 제품의 친환경적 이미지에 부정적 영향을 줄 가능성은 없는지 등을 고려하는 것이다.

창업자는 시스템 사고를 통해 얻은 이러한 종합적인 통찰을 바탕으로, 최초의 혁신적인 아이디어가 시장에서 지속 가능하고 현실적인 성공을 거둘 수 있도록 전략을 조정한다. 제품 출시 초기부터 소비자 피드백을 능동적으로 수집하고 이를 제품 개선 과정에 즉각적으로 반영하는 구조를 구축하며, 경쟁사나 잠재적 진입자의 움직임에도 민첩하게 대응할 수 있도록 조직적 유연성을 확보한다. 또한, 규제 당국과의 소통을 강화하여 제품이 법적·사회적 기준에 조화롭게 적응할 수 있도록 사전에 대비하는 등, 제1원칙 사고를 통해 출발한 본질적 혁신을 시스템 사고를 통해 시장과의 효과적인 연결고리로 발전시킨다.

이 사례에서 나타난 것처럼, 제1원칙 사고는 혁신적이고 근본적인 아이디어의 출발점으로서 강력한 역할을 하지만, 이 아이디어가 실제 세상에서 성공하기 위해서는 시스템 사고를 통해 복잡한 현실 속에서의 연쇄작용과 피드백 구조를 충분히 이해하고 이를 전략적으로 활용하는 것이 필수적이다. 두 가지 사고방식을 결합하여 활용할 때 비로소 진정한 혁신적 성공을 이룰 수 있다.

최근 인공지능^AI의 발전은 기술의 근본적인 혁신과 그 혁신이 초래하는 사회적 파급 효과가 복합적으로 얽힌 대표적인 사례다. 인공지능 분야에서 일어난 커다란 혁신을 이해하려면 먼저 제1원칙 사고^First Principles Thinking의 관점에서 기술적 원리를 바라볼 필요가 있다.

AI 분야의 엔지니어나 연구자들은 기존에 존재하던 알고리즘이나 기술적 방법론을 그대로 답습하거나 단순히 개선하는 데 그치지 않고, 근본적 원칙에 따라 새로운 접근법을 개발하려고 노력한다. 예컨대 최근 화제가 된 생성형 AI^Generative AI, 특히 챗GPT와 같은 대형 언어 모델의 등장 과정에서도 제1원칙 사고가 뚜렷하게 나타난다. 기존에는 인간이 언어로 생각하는 방식을 컴퓨터가 완벽하게 구현하기 어렵다고 판단하여, 매우 제한적인 문제 해결이나 명령 수행에 특화된 AI만 개발되었다. 그러나 제1원칙 사고를 적용한 연구자들은 근본적 질문부터 다시 시작했다. 인간의 언어 능력은 어떻게 만들어지는지, 언어 이해의 본질적 원리가 무엇인지, 그리고 데이터와 연산력을 충분히 확보한다면 컴퓨터도 인간과 유사하게 언어를 습득하고 생성할 수 있을지 근본적으로 탐구하기 시작한 것이다.

이러한 근본적 접근을 바탕으로 개발자들은 대규모 데이터를 기반으로 스스로 학습하고 의미를 유추하며 자연어를 생성하는 새로운 알고리즘과 학습 방식을 구축하였다. 기존의 규칙 기반 AI와는 전혀 다른, 신경망 기반의 딥러닝 모델이 본격적으로 확장되었고, 이는 곧 혁신적인 생성형 AI 모델의 탄생으로 이어졌다. 이는 단순히 기존 모델의 성능 개선이 아니라, 근본적인 인지적 구조 자체를 새롭게 설계하는 데 성공한 제1원칙 사고의 사례였다.

하지만 기술의 발전은 그 자체로 끝나지 않는다. 이 혁신적인 AI 기술이 실제로 사회에 적용될 때, 그 파급력은 매우 다양한 형태로 나타난다. AI의 급격한 확산은 기술 자체의 우수성만으로 보장되지 않으며, 오히려 기술이 사회 시스템 속에서 어떤 연결망을 형성하고, 어떤 방식으로 영향을 미치는지에 따라 성공과 실패가 결정된다. 이때 시스템 사고Systems Thinking가 매우 중요한 역할을 한다.

예를 들어 생성형 AI가 급속히 확산되자 다양한 사회적 · 경제적 이슈가 나타났다. AI가 창의적인 글쓰기나 콘텐츠 생성 작업까지 할 수 있게 되면서, 콘텐츠 산업, 교육 분야, 미디어 산업 전반에 큰 변화가 초래되었다. AI의 등장으로 인해 많은 일자리가 변화하거나 사라질 위험이 제기되었고, 동시에 교육 방식이나 개인의 정보 습득 방식, 더 나아가 정치적 정보 전달과 여론 형성에도 직접적 영향을 미치기 시작했다. 더불어 AI

가 만들어내는 정보의 신뢰성이나 저작권 문제 등 기존 사회 규범과 충돌하는 문제까지 등장했다.

이 시점에서 시스템 사고는 개별 문제들이 독립적으로 발생하는 것이 아니라, 서로 긴밀하게 연결되어 있으며, 특정 영역의 변화가 전체 사회 시스템에 연쇄적인 영향을 주고받으며 더 큰 결과를 만들어 낸다는 점을 깨닫도록 돕는다. 가령 AI의 등장으로 인한 일자리 변화는 경제적 요소일 뿐 아니라, 동시에 정치적 갈등, 교육 개혁 요구, 개인의 삶의 질과 만족도 변화라는 복합적 문제를 연쇄적으로 불러온다. 또한 규제 당국의 입장에서는 기술의 급속한 발전과 그로 인한 부정적 사회적 효과를 어떻게 관리해야 할지에 대한 고민이 깊어질 수밖에 없으며, 이는 곧 기술 발전 속도와 규제의 상호작용이라는 또 다른 연쇄적 영향을 만들어 낸다.

이러한 복합적인 상황에서 정책 결정자들과 기업은 시스템 사고를 활용하여 AI의 사회적 파장을 최소화하고 긍정적 효과를 최대화할 수 있는 전략을 수립해야 한다. 즉, AI 기술 발전의 속도를 무조건 높이는 것이 아니라, 그 기술이 초래하는 사회적 효과와 상호작용을 충분히 예측하고, 일자리 전환 프로그램, 교육 시스템의 재구성, 윤리적 사용 지침 마련 등 여러 요소들을 연계하여 종합적인 대책을 준비할 수 있다.

결국 AI 기술의 발전 과정에서 제1원칙 사고는 혁신의 출발점에서 기술 자체의 근본적 재구성을 끌어냈으며, 시스템 사고는 그 기술이 사회와 어떻게 연결되고, 변화의 과정에서 어떤 복합적 효과가 발생하는지에 대한 종합적 이해와 대응책을 제시해준다. 이 두 가지 사고방식이 함께 어우러질 때만이 인공지능이 기술적으로 탁월할 뿐 아니라 사회적으로 지속 가능한 형태로 성장할 수 있다.

과학 연구의 본질은 세상을 구성하는 원리와 법칙을 명확히 규명하고, 이를 통해 복잡한 현상을 이해하고 예측하는 데 있다. 이런 과정을 명확하게 보여주는 예로 기후변화 연구를 들 수 있다. 기후변화 연구는 자연현상을 설명하고 예측할 때 근본적인 물리학적, 화학적, 생물학적 원칙에서 출발하는 제1원칙 사고를 적극적으로 활용한다.

기후과학자들은 가장 근본적인 질문에서 연구를 시작한다. 예를 들어 지구의 온도를 결정하는 본질적 원리는 무엇인지, 이산화탄소가 온실효과를 일으키는 구체적인 메커니즘이 무엇인지, 또 이러한 효과가 얼마나 강력하게 작용하는지와 같은 질문이다. 이때 연구자들은 기존에 발표된 논문이나 경험적 상관관계에만 의존하지 않고, 물리적·화학적 법칙에 근거하여 처음부터 논리를 구성한다. 그 결과, 태양으로부터 받은 에너지가 지구에 어떻게 흡수되고 방출되는지, 온실가스는 에너지 방출 과정을 어떻게 방해하고 지구를 가열하는지에 대한 근본적이고 명확한 이해가 가능해진다. 이런 제1원칙 사고 덕분에, 연구자들은 기후변화 현상의 근본 원리를 이해하고 미래 기후를 예측하는 정교한 모델을 개발할 수 있다.

그러나 이렇게 근본적인 원리에서 출발하여 얻어진 이해는 현실 속에서 더욱 복잡한 문제와 맞닥뜨리게 된다. 지구 기후 시스템은 수많은 요소들이 상호작용하며 연결된 복잡한 시스템이기 때문이다. 한 가지 요소의 작은 변화는 전 지구적인 규모로 증폭될 수 있고, 예상치 못한 결과를 낳기도 한다. 여기서 시스템 사고가 중요한 역할을 한다.

시스템 사고는 기후라는 복합적인 문제를 설명할 때 개별 요소만 따로 분리해 바라보지 않고, 이 요소들이 전체 시스템 안에서 어떻게 연결되고 상호작용하며, 어떤 피드백 루프를 형성하는지 전체적인 시각으로 분석하게 만든다. 가령, 지구 온도의 상승은 단순히 대기의 온도만 올리는 것이 아니라, 빙하의 녹음을 가속하여 해수면 상승을 촉진하고, 얼음의 감소로 인해 태양에너지 반사율이 낮아지면서 더 많은 열이 지구에 흡수되는 악순환을 일으킨다. 동시에 온도가 상승하면 북극 영구 동토층이 녹아 메탄가스가 방출되고, 이는 다시 온실효과를 가속화하는 또 다른 피드백 루프를 형성한다. 이 과정에서 식생이나 동물의 분포 변화, 해양 생태계의 교란, 기상재해의 증가와 같은 다양한 요소가 상호 연결되며 연쇄적인 변화를 일으킨다.

생태학에서도 이러한 연결과 상호작용을 이해하기 위해 시스템 사고는 필수적이다. 한 생태계에서 특정 종의 개체 수가 갑자기 늘어나거나 줄어들면, 그 변화는 단지 그 종의 생물학적 특성만으로 설명될 수 없다. 예를 들어 늑대 개체 수가 줄어들면 사슴의 수가 급증하고, 급증한 사슴이 나무와 풀을 지나치게 많이 먹으면서 생태계의 초목이 파괴된다. 그 결과 서식 환경이 악화되며 결국 다른 여러 종의 생존이 위협받게 되고, 이 변화는 다시 늑대의 서식 환경에도 영향을 미치는 복잡한 피드백 구조로 발전한다. 생태학자들은 개별 생물의 특성이나 생태적 역할뿐 아니라 전체 생태계의 연결망과 시스템적 피드백 구조를 고려하며 연구를 진행한다.

과학적 연구에서 제1원칙 사고와 시스템 사고는 분리되지 않고 서로 밀접하게 결합된 형태로 작동한다. 제1원칙 사고가 근본적이고 명확한 이해를 제공하여 이론적이고 기초적인 수준의 문제 해결에 강력한 도구가 된다면, 시스템 사고는 현실 세계의 복잡성과 다양한 상호작용을 보다 종합적이고 현실적으로 설명하며, 궁극적으로 근본적 원리로부터 출발한 이론을 실질적이고 지속 가능한 해법으로 연결하는 역할을 담당한다. 이두 가지 사고방식이 조화를 이룰 때, 과학은 자연 현상에 대한 깊은 이해와 현실 문제 해결 능력을 동시에 확보할 수 있다.

결국 제1원칙 사고와 시스템 사고는 개념 차이는 명확하지만, 현실의 복잡한 문제를 깊이 있게 분석하고 창의적인 해답을 찾기 위해서는 두 가지 사고방식을 함께 활용해야 한다. 근본에서부터 출발하여 문제를 명확히 이해한 뒤 전체적인 구조와 상호작용을 살펴 문제의 복잡성을 체계적으로 다룰 수 있는 이러한 결합이야말로 현대적이고 혁신적인 문제 해결 방법이라 할 수 있다.

사고의 틀을 완전히 뒤집는 법

제1원칙 사고는 특정한 문제를 해결하는 단순한 도구나 기법의 차원을 넘어선다. 이는 본질적으로 인간의 사고 습관과 관습적 접근 방식을 근본적으로 재검토하고 재구성하도록 요구하는 사고의 전환 과정이다. 인간은 본능적으로 이미 익숙한 방식이나 기존의 경험에 의존하는 경향이 있다. 이는 인간의 두

뇌가 익숙한 틀과 경로에 따라 사고할 때 인지적 에너지를 적게 쓰기 때문이다. 즉, 두뇌는 가능한 한 인지적 부담을 최소화하려고 하며, 이미 검증된 방법이나 타인의 사례를 따라갈 때 에너지를 덜 사용한다. 쉽게 표현하자면, "남들이 하던 대로 따라가는 편이 생각하기 편하므로 자꾸 그렇게 되는 것"이다.

예를 들어, 기업에서 새로운 업무나 제품 개발 과정을 마주할 때, 사람들은 보통 기존에 시장에서 잘 팔렸던 제품이나 경쟁사의 성공 전략을 참고하거나 모방하려고 한다. 이는 전례가 있고 결과가 어느 정도 입증된 방식을 활용하는 것이 두뇌의 입장에서는 더 간편하고 안전한 길이기 때문이다. 비슷한 사례로 직장 내에서도 새로운 방식을 도입하려고 하면 '지금까지 하던 대로 하는 게 낫지 않겠냐'라는 의견이 자주 등장한다. 이는 기존의 방식을 따르는 것이 결과를 예측하기 쉽고, 불필요한 고민을 줄이며, 인지적 부담과 실패 위험까지 덜어주기 때문이다.

그러나 제1원칙 사고는 바로 이 같은 관습적이고 관성적인 접근 방식에 근본적인 의문을 던지고 그것을 깨뜨리기를 요구한다. 즉, 사람들이 무의식적으로 반복하는 기존의 사고 습관을 의식적으로 극복하고, 가장 근본적이고 원칙적인 출발점에서부터 문제를 바라보도록 사고의 구조를 새롭게 설계하게 만든다. 익숙하고 당연하게 받아들였던 전제들을 다시 철저히 의심하고, 입증되지 않은 가정들을 배제한 채 문제를 근본적인 원칙에서부터 다시 탐구하는 것이 바로 제1원칙 사고의 본질이다.

이러한 제1원칙 사고가 반드시 필요한 이유는, 관습적이고 유추적 사고방식이 때로는 빠른 결정을 도와주지만, 복잡하거나 전례 없는 문제 상황에서는 오히려 한계를 만들기 때문이다. 복잡하고 전례가 없는 문제 앞에서 기존의 지식이나 경험의 틀 속에 갇힌 사고는 혁신적인 해결책을 찾기 어렵다. 따라서 이때 제1원칙 사고가 더욱 강력한 힘을 발휘한다. 역사상 위대한 혁신가들은 기존의 관점이나 당연시하는 원리를 그대로 받아들이지 않고 근본 원리에서부터 다시 접근함으로써 새로운 길을 열었다. 뉴턴이 중력의 원리를 밝힐 때 기존의 철학자들처럼 단지 관찰된 현상에 만족하거나 신비로운 설명에 의존하지 않고 중력이라는 보편적 원리를 명확하게 규명했던 것이나, 아인슈타인이 절대적인 시간과 공간이라는 기존의 물리학적 틀을 근본적으로 재검토하여 상대성이론을 창안했던 것이 대표적인 사례다.

이처럼 제1원칙 사고는 단지 문제를 해결하기 위한 개별적이고 기술적인 접근법이 아니라, 우리의 사고방식 전체를 근본적으로 혁신하는 과정이라 할 수 있다. 따라서 이는 단편적 기법을 배우는 것과는 차원이 다르며, 우리가 문제를 바라보고 접근하는 방식을 전반적으로 변화시키는, 일종의 '사고 체계의 혁명'에 가깝다.

그러나 한편으로는 제1원칙 사고만으로 모든 복잡한 문제를 해결할 수 있는 것은 아니다. 현실에서 마주하는 복합적 문제들은 다양한 요소들이 상호작용을 하는 시스템으로 구성되어 있기 때문이다. 여기에서 필요한 것이 바로 시스템 사고다. 시스템 사고는 제1원칙 사고가 분석적으로 파악한 개별 요소들을 거시적인 관점에서 다시 통합적으로 이해하도록 돕는다. 제1원칙 사고가 미시적이고 본질적인 원리에서 출발하여 문제를 분해하고 근본을 찾는 과정이라면, 시스템 사고는 거시적 관점에서 요소 간의 상호작용, 전체적 구조, 그리고 복잡한 연결 관계를 이해하여 문제를 통합적으로 다루는 방식이다. 따라서 이 두 가지 사고방식이 결합될 때 비로소 문제에 대한 가장 깊은 본질적 이해와 함께 현실적인 통합적 해결책을 찾을 수 있다.

제3장

일론 머스크가
제1원칙 사고로 바꾼 세계

FIRST
PRINCIPLES
THINKING

이 장에서는 일론 머스크가 제1원칙 사고를 통해 기존 산업이 지닌 문제점들을 어떻게 파악하고 극복했는지, 그리고 그 과정에서 어떤 혁신을 이루었는지에 관한 다양한 사례를 구체적으로 다룬다. 사례들을 제시할 때는 먼저 각 산업 분야가 안고 있던 본질적인 문제를 밝히고, 그다음 일론 머스크가 제1원칙 사고를 적용하여 문제의 근본 원인을 재정의하는 과정을 설명한 뒤, 실제 문제 해결을 위해 사용된 기술적 방법과 접근 과정을 구체적으로 제시한다. 마지막으로 그 결과가 어떤 변화를 불러왔으며, 기존의 방식과 비교하여 어떤 성과를 이루었는지까지 논의한다.

스페이스X: 우주 산업을 다시 쓰다

일론 머스크Elon Musk는 우주 산업에 기존과는 전혀 다른 사고방식을 도입하여 우주 개발의 한계를 극복하고 스페이스X SpaceX를 성공으로 이끌었다. 특히 그가 도입한 사고방식 가운데는 문제를 가장 근본적인 원리로 분해하여 접근하는 제1원칙 사고First Principles Thinking와 개별 요소보다는 전체적이고 통합적인 관점에서 문제를 바라보는 시스템 사고Systems Thinking가 두드러진다. 머스크는 이 두 가지 방식을 결합해 로켓 제작 비용을 획기적으로 낮추고 로켓을 재사용하는 혁신적인 패러다임 전환을 이루었다.

그는 기존 우주 산업의 비효율을 파악하고 극복하기 위해 먼저 제1원칙 사고를 적용했다. 2002년 스페이스X를 설립한 직후 머스크는 인류를 화성에 보내겠다는 원대한 목표를 세웠지만, 기존 우주 산업의 엄청난 진입 장벽에 곧바로 맞닥뜨렸다. 당시 로켓 한 기를 발사하는 데 드는 비용은 무려 6,500만 달러(한화 약 800억 원)에 이르렀고, 러시아에서 중고 ICBM(대륙간탄도미사일)을 구입하려 해도 개당 최소 800만 달러에서 최대 2,000만 달러까지 비용이 청구되었다. 이렇게 로켓 제작에 막대한 비용이 드는 근본 원인을 밝히고자 머스크는 일반적인 전제나 관습을 그대로 수용하지 않고 근본적인 질문을 던지기 시작했다.

그는 로켓을 근본적으로 구성하는 재료가 무엇인지부터 다시 점검했다. 스페이스X의 엔지니어들과 함께 로켓 제작에 필요한 원자재와 부품 가격을 일일이 계산한 결과, 놀랍게도 완제품 로켓의 가격에서 원자재 비용이 차지하는 비율은 단지 2% 수준이었다는 사실을 발견했다. 알루미늄 합금, 티타늄, 구리, 탄소 섬유, 연료 등 실제 로켓에 들어가는 원자재 비용을 모두 합해도 수백만 달러에 불과했지만, 완성된 로켓은 수천만 달러 이상의 엄청난 가격으로 거래되고 있던 것이다. 여기서 머스크는 "원자재만 사서 직접 로켓을 제작하면 비용 문제를 해결할 수 있지 않을까?"라는 질문에 도달했고, 이를 실행에 옮기기로 했다. 즉, 제1원칙 사고를 통해 기존의 비싼 가격이 관행적으로 형성되었다는 것을 발견하고, 경쟁사의 기존 방식에 의존하지 않고 처음부터 자체 제작하여 거품 비용을 제거하는 방법을 채택했다. 이러한 발상은 기존 산업의 관행과 과거 사례에서 벗어나 철저하게 근본 원인을 따져 보는 혁신적 사고방식의 결과물이었다.

머스크의 제1원칙 사고는 결국 "로켓을 훨씬 저렴하게 만들 수 있다"는 구체적이고도 실질적인 실행 계획으로 이어졌다.

우주 발사의 비용 분석

기존 우주 산업에서는 대부분의 부품을 외부 업체에서 조달하고 단순히 조립만 하는 방식을 사용했지만, 스페이스X는 이를 완전히 뒤집어 모든 것을 자체적으로 설계하고 생산하는 수직통합vertical integration 전략을 택했다. 머스크는 실리콘밸리 특유의 창의적이고 민첩한 운영 방식을 우주 산업에 적극 도입하여 하청 중심의 관행을 과감히 버리고, 로켓의 핵심 부품인 엔진부터 전자 장비에 이르기까지 거의 모든 구성 요소를 내부적으로 생산하는 방식을 구축했다.

스페이스X의 대표적인 로켓 엔진인 멀린Merlin이 바로 이런 사고와 전략의 결과로 탄생했다. 멀린 엔진은 제작 과정을 최대한 간소화하여 외부 의존도를 극적으로 낮췄고, 덕분에 원가가 획기적으로 절감되었다. 더 나아가 스페이스X는 3D 프린팅 기술을 적극적으로 활용하여 복잡한 부품도 효율적이고 저렴하게 생산할 수 있는 체제를 갖췄다. 이러한 완전한 수직 통합 생산 방식은 공급망에서 발생할 수 있는 지연이나 병목현상을 최소화했고, 설계 변경 사항을 즉시 현장에 적용할 수 있게 만들어 기업의 경쟁력을 높이는 데 크게 기여했다.

머스크의 근본 원리에 따른 "직접 만들어야 비용을 낮출 수 있다"라는 결단이 단 몇 년 만에 로켓 발사 비용을 기존 대비 10분의 1 수준으로 낮추는 성과로 이어졌다. 실제로 스페이스X는 2010년대 초반 팰컨 9Falcon 9 로켓의 발사 서비스를 6,000만 달러 수준으로 제공하며 시장에 등장했는데, 이는 당시 미국 항공우주국NASA이 우주왕복선 발사 임무 한 번에 3억 8,000만 달러를 지불했던 것과 비교하면 파격적인 수준이었다. 결국, 이런 비용 혁신은 기존의 관행이나 고정관념을 의심하고 처음부터 다시 계산해 보려는 제1원칙 사고가 있었기에 가능한 일이었다.

또한 머스크의 이런 사고방식은 "왜 로켓은 한 번 쓰고 매번 버려야 하는가?"라는 보다 근본적인 질문을 던지게 했다. 당시 기존 우주 산업의 로켓은 1단 추진체를 사용 후 대기권에 그대로 폐기하는 방식이었다. 머스크는 이것을 비행기에 비유하며,

만약 비행기를 단 한 번 사용한 뒤 버린다면 비행기 티켓 가격은 상상을 초월할 정도로 높아져 결국 아무도 이용하지 않게 될 것이라고 지적했다. 그는 로켓도 같은 논리를 적용해 매번 폐기된다면 비용 절감은 결코 이루어질 수 없다고 보았고, 결국 로켓을 재사용할 수 있어야만 비용의 진정한 혁신이 가능하다고 생각했다. 여기서부터 스페이스X는 로켓을 재사용하기 위한 공학적 도전에 돌입한다.

스페이스X의 엔지니어들은 2012년경부터 로켓 재착륙 기술 개발을 위한 실험에 착수했고, '그래스호퍼Grasshopper'라는 시험용 소형 로켓을 제작하여 수차례 발사와 착륙을 반복하며 기술적 가능성을 검증했다. 이 테스트를 통해 로켓을 정밀하게 제어하며 천천히 역추진하여 안전하게 착륙시키는 기술을 개발했고, 결국 2015년 12월 역사상 최초로 팰컨 9 로켓의 1단 부스터를 궤도 발사 후 지상에서 성공적으로 회수하는 혁신을 이뤄 냈다. 이후 스페이스X는 드론십이라는 무인 바지선 위에서도 로켓을 성공적으로 착륙시키는 기술을 확보하여, 지상뿐 아니라 바다 위에서도 로켓을 안전하게 회수할 수 있게 되었다. 이러한 엔지니어링 혁신 역시 머스크의 제1원칙 사고에서 출발한 것이었다. 로켓 재사용이라는 근본적이고 단순한 명제에서 시작하여, 현실의 수많은 기술적 장애물을 하나씩 해결해 나간 결과, 마침내 로켓 1단계를 발사 후 회수·정비하여 여러 번 반복 사용하는 체계를 완성했다. 현재 스페이스X는 같은 로켓을 10회 이상 반복 사용하면서 우주 발사 비용을 더욱 획기적으로 낮추었고, 이는 결국 우주 산업의 전반적 판도를 완전히 바꾸는 중요한 전환점이 되었다. 이 모든 혁신은 머스크의 집요한 사고와 도전이 없었다면 불가능했을 성과로, 기존 산업의 통념과 관습을 원점에서 다시 검토하고 문제의 본질을 끝없이 탐구한 결과였다.

스페이스X의 혁신은 로켓의 개별 부품이나 기술이 아닌, 머스크의 시스템적 관점에서 출발한 통합적 사고 덕분에 가능했다. 머스크는 팰컨 9를 개발할 때, 발사부터 회수까지의 전 과정을 개별적으로 보는 대신, 로켓 엔진, 착륙 장치, 항법 시스템, 지상 지원 장비까지 모든 요소를 하나의 상호 연결된 시스템으로 통합하여 설계했다. 예컨대 팰컨 9의 1단 로켓은 설계 초기부터 착륙 다리(랜딩 렉)와 자세 제어용 그리드 핀이 탑재되어 있었으며, 역추진을 통해 정밀한 착륙을 수행할 수 있도록 엔진 추력 조절 기술 또한 시스템의 일부로 포함되어 있었다. 이는 단지 발사를 성공시키는 것이 아니라, 처음부터 로켓을 완벽히 회수하여 재사용하는 완결된 운송 사이클을 구현하기 위한 치밀한 통합적 접근이었다. 스페이스X는 여기에 그치지 않고 로켓이 귀환할 수 있도록 지상 착륙장과 바다 위의 드론십Drone Ship(무인 바지선)까지 스스로 설계하고 구축하여, 로켓과 지상 시스템이 유기적으로 작동하도록 최적화했다. 결과적으로 팰컨 9는 발사 후 자체 추진력으로 지상 또는 바다 위의 플랫폼에 정밀 착륙한 뒤 재사용되는 혁신적 프로세스를 현실로 만들어냈는데, 이 역시 전체 시스템을 하나의 완전한 운송 체계로 본 시스템적 사고의 결과였다. 머스크가 우주 비행을 단순한 로켓 발사가 아닌 비행기처럼 정기적이고 통합적인 운송 시스템으로 생각했기에, 발사에서 귀환, 정비, 재발사로 이어지는 로켓의 전체 생애주기를 통합적으로 설계하여 NASA조차 실현하지 못한 로켓의 완전한 회수 및 재사용을 민간기업으로 성공시킬 수 있었다.

　머스크의 시스템적 접근은 로켓 제작뿐만 아니라 스페이스X의 전체 경영 및 생산 전략에도 깊이 스며들었다. 그는 진정한 혁신을 이루려면 로켓을 구성하는 부품과 시스템 전체가 외부의 변수가 아닌 내부의 통제하에 있어야 한다고 확신했다. 이 철학을 바탕으로 스페이스X는 엔진을 비롯해 추진제 펌프, 전자기기, 소프트웨어 등 로켓을 구성하는 주요 부품의 약 85% 이상을 자체 생산하는 높은 수직 계열화를 실천했다. 이러한 방식은 스페이스X의 공급망 관리 측면에서 독보적인 강점을 부여했다. 외부 하청업체에서 부품을 조달하면 불가피하게 납품 지연이나 비용 상승 위험에 노출될 수 있지만, 스페이스X는 핵심 부품을 내부에서 직접 생산했기 때문에 일정과 비용을 완전히 통제할 수 있었다. 게다가 설계와 제조가 한 공간에서 긴밀하게 이루어지기 때문에, 기술적인 문제가 발생하면 엔지니어와 생산팀이 즉각적으로 피드백을 주고받으며 신속하게 개선할 수 있었다.

전통적 우주 산업에서는 하청 구조가 복잡하여 부품 하나를 변경하는 데도 오랜 시간이 걸렸지만, 스페이스X는 처음부터 끝까지 내부 통제가 가능한 통합 공급망을 통해 의사결정을 신속하게 하고 개선 주기를 획기적으로 단축할 수 있었다. 예컨대 스페이스X는 멀린 엔진을 직접 생산하여 팰컨 9의 1단과 2단 모두 같은 계열의 엔진을 사용함으로써 부품 공용화와 생산 단순성을 극대화했으며, 동일한 팰컨 9 코어를 세 개 결합하여 팰컨 헤비Falcon Heavy를 만드는 모듈화 전략으로 시스템 효율을 높였다. 이러한 완벽히 통합된 시스템은 원가를 크게 절감할 뿐만 아니라 로켓의 설계부터 생산, 발사까지 전 과정이 유기적으로 연계되어 경쟁사들이 쉽게 따라올 수 없는 혁신 속도를 가능하게 했다. 결국, 머스크의 시스템적 사고는 스페이스X를 단지 하나의 회사가 아닌 통합적이고 유기적인 운영 체계로 탈

바꿈시켜 우주 산업의 근본적인 패러다임을 변화시켰다.

스페이스X의 시스템 사고는 단지 처음부터 완벽한 결과물을 목표로 삼지 않고, 지속적이고 빠른 반복 실험을 통해 끊임없이 발전하고 진화하는 철학을 담고 있다. 머스크는 소프트웨어 산업의 민첩한 개발 방식Agile을 우주 개발에 적극적으로 도입했는데, 그는 완벽한 설계를 만들기 위해 오랜 시간 이론적 연구만 거듭하기보다는 신속히 시제품을 제작하고 실제 환경에서 테스트를 반복하며 문제점을 빠르게 발견하고 해결해 나가는 것을 중시했다. 실제로 팰컨 9 로켓의 개발 과정은 이러한 접근법을 매우 잘 보여준다. 팰컨 9는 처음 등장한 1.0 버전에서부터 1.1, 풀 스러스트Full Thrust, 블록 4Block 4, 블록 5Block 5에 이르기까지 끊임없이 개선되었는데, 각 단계마다 엔진의 추력 강화, 기체 경량화, 재사용 능력 향상과 같은 구체적인 성능 개선이 이루어졌으며, 이 모든 발전 과정은 실제 발사와 착륙 데이터를 기반으로 아주 짧은 주기로 진행되었다.

이러한 지속적 개선 프로세스는 스페이스X가 추구하는 '하드웨어 리치hardware-rich' 접근법에서 가장 잘 나타난다. 이 접근법은 이론이나 시뮬레이션에만 의존하여 90% 수준의 완벽함을 오랜 시간에 걸쳐 추구하기보다는, 빠르게 시제품을 만들어 실제 상황에서 극한까지 테스트하고, 그 과정에서 얻은 실패 데이터를 통해 더욱 빠르게 발전을 이루는 방식을 의미한다. 특히 스페이스X의 랩터Raptor 엔진 개발 사례는 이러한 사고방식을 가장 잘 드러낸다. 랩터 엔진은 세계 최초로 메탄을 연료로 사용하는 풀-플로우 단계식 연소사이클이라는 복잡한 기술을 갖추고 있는데, 스페이스X 엔지니어들은 이 기술을 완성하기 위해 수십 개의 시험 엔진을 빠르게 제작하여 연속적으로 테스트했고, 때로는 폭발과 같은 실패를 겪으면서도 그 데이터를 곧바로 반영해 엔진 설계를 지속적으로 개선하여 결국 안정적이고 신뢰성 높은 최종 버전을 완성해냈다.

랩터 엔진
전 유량 단계 연소 방식

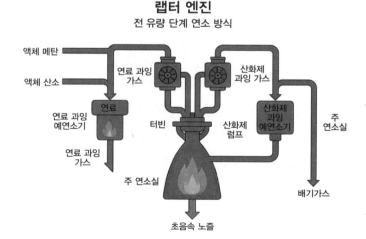

스페이스X의 랩터 엔진

　머스크가 주도하는 스페이스X의 시스템적 사고방식은 실패를 두려워하지 않고 반복적인 실험을 통해 얻은 교훈을 다시 시스템에 반영하는 일종의 피드백 루프를 형성하고 있으며, 특히 차세대 초대형 우주선인 스타십Starship 개발 프로젝트에서 이러한 사고방식이 더욱 극명하게 드러난다. 스페이스X는 2019년 이후 짧은 시간 동안 SN5, SN8, SN9, SN10과 같은 수많은 스타십 프로토타입을 신속히 제작하고 실제 비행 테스트를 반복적으로 수행하였다. 예를 들어, 스타십의 SN8 프로토타입은 12.5㎞의 상승 비행에는 성공했으나 착륙 과정에서 폭발하는 실패를 겪었고, 스페이스X는 곧바로 SN9와 SN10 같은 후

속 기체를 제작하여 발견된 문제들을 빠르게 수정해나갔다. 결국 SN15에서는 성공적으로 상승과 착륙 및 회수를 이루어 내며 단기간 내 혁신적인 착륙 기술을 완성할 수 있었다.

이러한 짧은 주기의 반복 실험과 개선이라는 스페이스X의 시스템적 접근은 전통적인 우주 개발 프로젝트(수십 년에 걸쳐 대형 프로젝트를 완성하는 방식)와는 근본적으로 차별화된다. 스페이스X는 마치 살아있는 유기체와 같이 빠르게 회전하는 시스템을 통해 약점을 신속히 발견하고 개선함으로써, 민간 기업임에도 세계에서 가장 강력한 로켓들을 가장 짧은 시간에 개발할 수 있는 역량을 확보했다. 그 결과 팰컨 9 로켓은 이미 동일한 기체로 20회 이상의 발사와 착륙이라는 전례 없는 신뢰성을 기록하며 우주 발사의 경제성을 극대화하였고, 스타십 역시 지속적인 반복 시험을 통해 완성도와 성능을 더욱 빠르게 높여가고 있다. 이 모든 것은 머스크의 시스템적 사고방식과 지속적 개선을 위한 피드백 루프의 힘으로 가능했던 성과다.

스페이스X가 보여준 시스템적 접근은 우주 산업의 판도를 완전히 바꿀 정도로 강력한 영향을 끼쳤다. 이전까지 우주 산업은 국가 기관이나 일부 대기업만이 막대한 비용과 긴 시간의 개발 주기를 감수하며 주도했지만, 스페이스X는 시스템 전체를 통합적이고 유기적으로 설계하는 방식을 통해 우주 진출의 진입 장벽을 크게 낮추었다. 특히 로켓을 발사한 뒤 폐기하는 기존의 관행에서 벗어나, 로켓을 반복적으로 재사용할 수 있다는 사실을 기술적으로 증명해 업계 전반에 큰 충격을 주었다. 팰컨 9 로켓이 발사 후 수십 번이나 성공적으로 재사용되자, 경쟁사들은 재사용 로켓을 도입하지 않고서는 시장에서 생존할 수 없다는 현실을 깨달았다. 그 결과 제프 베조스의 블루 오리진Blue Origin, 유럽의 아리안스페이스Arianespace, 미국의 ULA 등 수많은 기업들이 뒤이어 로켓 재사용 기술 개발에 뛰어들었다. 머스크 스스로도 앞으로 로켓 재사용을 도입하지 않는 회사들은 경쟁력을 잃게 될 것이라고 확신했고, 결국 일회용 로켓의 시대가 끝나가고 있음을 선언하기에 이르렀다.

또한 스페이스X의 시스템적 접근은 단지 기술에만 머무르지 않고 우주 산업의 새로운 비즈니스 모델까지 창출했다. 로켓의 재사용 가능성이 입증되면서 발사 비용이 크게 낮아지자, 위성 발사 비용 역시 크게 떨어져 전 세계적으로 소형 위성의 수요가 폭발적으로 늘어났다. 이에 스페이스X는 한 번의 발사로 수십 개의 위성을 동시에 궤도에 올리는 라이드셰어Rideshare 서비스를 적극적으로 제공하며 새로운 시장을 개척했다. 더 나아가 스페이스X는 스타링크Starlink라는 자체 위성 인터넷 서비스를 구축하며, 우주 발사 시스템과 위성, 지상국까지 포함한 통합된 인프라를 통해 비즈니스 생태계 전체를 재편하는 중이다. 이러한 시스템 전체를 통합적 시각에서 바라본 접근법은 우주 진출이 단순히 로켓 발사에 그치지 않고, 로켓에서 위성, 우주선, 지상 시설까지 모든 요소가 상호작용하는 생태계라는 점을 보여주었다. 과거에는 상상조차 어려웠던 이러한 시스템적 접근은 머스크의 제1원칙적 사고와 시스템 사고의 결합으로 가능했던 것이다. 이제는 스페이스X가 만들어낸 "더 싸게, 더 자주, 더 원대한 목표로" 우주에 접근하는 방식이 뉴 스페이스New Space 시대의 표준이 되었다. 머스크와 스페이스X의 혁신적인 사고방식은 인류의 우주 진출을 막아왔던 경제적·기술적 한계를 무너뜨리고, 우주 산업을 폐쇄적인 관료주의와 하청 중심의 구조에서 민첩하고 개방적이며 혁신이 살아 숨 쉬는 산업으로 변화시켰다.

결국, 일론 머스크가 스페이스X를 통해 입증한 것은 혁신의 핵심이 기술 자체보다 사고방식과 철학에 있다는 점이다. 그는 기존의 틀을 그대로 받아들이지 않고 근본부터 문제를 새롭게 정의하는 제1원칙 사고를 통해 불가능하다고 여겨지던 로켓 제작 비용과 발사 비용의 극적인 절감을 이뤄냈다. 또한, 개별 요소보다는 전체를 보며 시스템 전체의 최적화를 추구한 시스템 사고를 통해 발사 – 귀환 – 정비 – 재발사의 완전한 재사용 사이

스페이스X의 팰컨 9 로켓

클을 성공적으로 구현하여 우주 수송의 패러다임을 바꿨다. 이러한 두 가지 사고방식을 결합함으로써 스페이스X는 한때 국가만이 접근 가능했던 우주를 민간 기업이 선도하는 새로운 혁신의 영역으로 변화시키는 데 성공했다.

머스크가 보여준 이러한 사고의 혁신은 단순히 로켓 발사 성공이라는 기술적 성과를 넘어, 인류를 지구뿐 아니라 다른 행성에도 정착하게 하겠다는 그의 궁극적 비전을 현실화하는 강력한 기반이 되었다. 앞으로도 제1원칙 사고와 시스템 사고의 결합이야말로 혁신을 꿈꾸는 이들에게 중요한 길잡이가 될 것이며, 머스크와 스페이스X의 사례는 단지 우주 분야뿐 아니라 어떤 산업이든 근본적이고 통합적인 사고방식이야말로 진정한 혁신을 이끌 수 있는 가장 값진 원동력이라는 교훈을 전하고 있다.

테슬라: 전기차 혁신의 시작

2000년대 중반, 전기차는 주행 거리와 성능의 한계로 인해 '바퀴 달린 골프 카트'와 같이 여겨졌다. 기존의 대형 자동차 제조사들은 내연기관에 집중하며 전기차 기술 개발에 소극적인 태도를 보였고, 일부 시제품 전기차들은 무겁고 비효율적이었다. 이러한 상황에서 2006년, 테슬라 로드스터가 등장하여 전기차에 대한 기존의 고정관념을 완전히 타파했다. 로드스터는 한 번 충전으로 약 400㎞에 육박하는 주행 거리를 선보였으며, 스포츠카 수준의 가속력을 발휘하여 전기차도 충분히 빠르고 멋질 수 있음을 증명했다. 당시 테슬라의 등장은 '전기 모터 세상에 무한한 가능성이 존재한다'는 평가를 받으며 전기차 혁명의 서막을 열었다.

일론 머스크가 테슬라에서 보여준 제1원칙 사고의 핵심은 배터리 문제를 근본적으로 재검토하는 데 있었다. 일반적인 사고방식이라면 기존 배터리 제조사들의 관행을 따랐겠지만, 머스크는 물리학적 사고방식을 경영에 도입했다. 그는 전기차의 성

능과 가격을 제한하는 가장 큰 요인이 배터리라는 점에 주목했고, 이를 '근본적인 진실'로 간주하여 문제의 본질을 파악하고자 했다.

머스크는 당시 리튬이온 배터리 팩의 가격을 분석한 결과, 완제품 가격은 kWh당 약 600달러였지만, 원자재 가격은 80달러에 불과하다는 사실을 발견했다. 이는 전체 비용의 대부분이 재료 자체보다는 제조 공정과 기존 업계의 비효율성에 기인한다는 것을 의미했다. 머스크는 이러한 원가 구조의 불합리함에 주목하여 배터리 가격을 획기적으로 낮출 수 있다고 판단했다.

머스크와 테슬라 팀은 배터리 셀의 구성 요소와 생산 과정을 처음부터 재설계하기 시작했다. 우선, 테슬라는 노트북 등에 사용되던 18650 규격의 소형 원통형 셀 수천 개를 조합하는 방식을 로드스터와 모델 S에 적용했다. 당시 대부분의 완성차 업체는 전기차용으로 큰 단위의 배터리 셀(또는 모듈)을 선호했지만, 테슬라는 발상을 전환하여 작은 셀을 다량으로 활용하는 방식을 선택했다. 이는 기존 상식과는 달리, 수천 개의 작은 셀을 병렬로 연결하면 열 관리가 용이하고 셀 하나의 결함이 전체에 미치는 영향을 줄일 수 있다는 장점이 있었다.

실제로 테슬라 엔지니어들은 작은 셀을 촘촘히 배열하고 정교한 냉각 및 배터리 관리 시스템을 구축하여, 대형 셀 없이도 고출력·대용량 배터리팩을 안전하게 구현했다. 이는 기존 업계의 관행을 따르지 않고 '가장 안전하고 저렴하게 에너지를 저장하는 방법은 무엇인가?'라는 제1원칙으로 돌아가 고민한 결과였다.

테슬라는 배터리 셀의 화학 성분과 원료 수급까지도 처음부터 재검토했다. 예를 들어 코발트와 같은 희귀 금속 사용을 줄이고, 니켈이나 철처럼 상대적으로 풍부한 재료로 대체하는 연구를 추진했다. 배터리 비용의 상당 부분을 차지하던 양극재에서 비싼 코발트를 줄이면 비용을 낮출 뿐 아니라 공급망 안정성도 높일 수 있었다. 이러한 재료 혁신과 더불어, 테슬라는 배터리 생산 방식 자체를 재창조했다. 새로운 설계의 제조 장비를 도입하고, 공정 단계를 단순화하여 불필요한 비용을 제거하고자 했다. 예컨대 건식 전극 코팅 공정이나, 셀 조립 시 음극과 양극을 연결하는 탭을 없앤 '탭리스tabless' 설계 등을 통해 생산 효율을 높이고자 한 것이다. 머스크는 셀 생산의 속도를 획기적으로 높이고 자동화 수준을 극한까지 끌어올리겠다고 밝혔는데, 실제로 테슬라는 고속의 자동화 생산설비를 구축하여 인건비를 줄이고 생산량을 극대화하고 있다. 이런 생산 혁신 덕분에 테슬라는 배터리 한 개당 제조 원가를 크게 낮출 수 있었고, 전기차의 가격 경쟁력을 높이는 발판을 마련했다.

제1원칙 사고를 통해 배터리 셀의 성분과 원료 수급까지 재검토한 일론 머스크

그 결과 테슬라는 배터리 가격을 급격히 떨어뜨리는 데 성공했다. 2010년대 초중반에 kWh당 수백 달러에 이르던 배터리 팩 가격은 테슬라가 대규모 생산을 시작한 후 급속도로 하락했다. 실제로 2016년경 테슬라는 배터리 팩 비용을 이미 "kWh당 190달러 이하"로 낮췄다고 밝혔고, 네바다 기가팩토리 가동 후에는 여기서 약 30~35% 추가 절감을 이뤘다고 한다. 내부 홍보 영상에서 테슬라는 기가팩토리를 통해 배터리 비용을 3분의 1 이상 낮추었음을 시사했는데, 이는 모델 3과 같은 보급형 전기차를 출시할 수 있었던 비결이 되었다. 계산해 보면 배터리 팩 1kWh당 비용이 120달러 수준까지 떨어진 셈이고, 초기 로드스터 시절에 비하면 놀라운 향상이다. 이렇게 제1원칙 사고를 통한 배터리 혁신은 전기차를 내연기관차와 경쟁할 수 있는 위치까지 끌어올렸다.

테슬라는 배터리 기술 자체의 혁신도 지속했다. 18650 셀 이후에는 더 큰 용량의 2170 셀을 모델 3와 모델 Y에 채택했고, 마침내 2020년 배터리 데이 행사에서 4680 셀이라는 새로운 표준을 공개했다. 지름 46㎜, 길이 80㎜인 이 원통형 4680 셀은 이전 세대보다 훨씬 큰 형상이지만 내부에 탭이 없는 구조를 도입해 전류 흐름을 개선하고 생산을 단순화했다. 이 새로운 셀 한 개만으로 기존 소형 셀 여러 개를 대체할 수 있어 구조가 단순해지고, 셀 개수가 줄어들어 배터리 팩의 중량도 감소했다. 테슬라 엔지니어들은 셀 크기 변화만으로도 kWh당 비용을 14% 낮출 수 있고, 생산 공정 효율화와 용량 향상을 합치면 최대 32%까지 비용 감소 효과를 볼 수 있다고 발표했다. 또한 에너지 밀도 향상으로 동일한 배터리 팩 크기에서 주행거리가 16% 늘어나는 효과도 얻었다. 즉 4680 셀 도입은 배터리 가격과 성능이라는 두 마리 토끼를 잡는 혁신으로, 머스크가 궁극적으로 꿈꾸는 "저렴하면서도 주행거리가 긴 전기차"에 한층 다가서게 해주었다. 이렇게 테슬라는 근본적인 수준에서 문제를 재구성하는 제1원칙 사고를 통해 배터리 기술과 비용 구조를 혁신했고, 이는 전기차 산업 전체의 변화를 끌어내는 동력이 되었다.

테슬라는 차량 자체뿐 아니라 전기차를 둘러싼 전체 생태계를 고려하는 시스템 사고로도 유명하다. 일론 머스크는 초창기부터 "전기차의 성공은 충전 인프라의 구축 여부에 달렸다"라고 보았다. 좋은 전기차를 만들어도 충전할 곳이 마땅치 않으면 소비자는 구매를 망설일 수밖에 없다는 사실을 간파한 것이다. 실제로 2012년 모델 S를 출시할 당시만 해도, 타사의 전기차 구매자들은 장거리 운전에 심각한 불안을 느껴야 했다. 공공 충전소는 드물었고, 집 밖을 멀리 벗어나기 어려웠다. 이에 테슬라는 과감하게 직접 고속 충전 네트워크 구축에 나섰다.

머스크는 2012년 첫 슈퍼차저Supercharger 공개 행사에서 이렇게 선언했다. "테슬라의 슈퍼차저 네트워크는 전기차의 게임체인저다. 장거리 여행 시 전기차도 휘발유차에 필적하는 편의를 제공할 뿐 아니라, 아예 연료비가 들지 않는 여행을 가능케함으로써 휘발유차가 결코 해낼 수 없는 가치를 보여준다"라고말했다. 실제로 테슬라는 미국과 유럽의 주요 고속도로 경로를따라 자사의 슈퍼차저 스테이션을 비밀리에 건설한 뒤 공개했고, 초기 모델 S 오너들에게는 평생 무료로 고속 충전을 제공했다. 이는 전기차로도 도심을 벗어나 "어디든 갈 수 있다"는 자신감을 심어주었고, 소비자들의 전기차 구매 심리를 획기적으로 바꾸어 놓았다.

특히 테슬라의 슈퍼차저 네트워크는 전기차 판매 확대에 결정적인 역할을 했다. 연구에 따르면, 탄탄한 고속 충전 망이 소비자들을 전기차 구매로 이끄는 필수 조건이 되었는데, 당시테슬라만큼 이를 앞서 준비한 곳은 없었다. 테슬라는 전기차를판매하면서 동시에 충전 인프라까지 함께 제공하는 스마트한전략을 펼친 유일한 제조사였고, 그 덕분에 테슬라를 선택한고객들은 충전 걱정 없이 차량을 활용할 수 있었다. 머스크는슈퍼차저 설치를 가속하기 위해 때로는 직접 현장을 방문했고,

테슬라 슈퍼차저 스테이션

트위터를 통해 "우리는 올해 슈퍼차저 확충에 5억 달러 이상을 투입하여 수천 개의 신규 충전기를 설치할 것"이라고 강조하기도 했다. 이처럼 차량 – 배터리 – 충전기의 삼위일체를 하나의 시스템으로 보고 투자한 결과, 테슬라는 고객들에게 "차를 사면 충전까지 해결된다"는 일종의 생태계 체험을 제공했다. 이는 초기 전기차 보급을 가로막았던 "닭이 먼저냐 달걀이 먼저냐" 식의 인프라 딜레마를 테슬라 스스로 풀어낸 셈이다.

나아가 테슬라는 생산 및 공급망 전체를 하나의 시스템으로 통합하는 전략도 취했다. 일반 자동차 회사들이 부품을 외부에서 조달하고 조립하는 수평 통합 모델을 따를 때, 테슬라는 중요한 구성 요소를 직접 생산하고 조달하는 수직 통합을 과감히 추진했다. 특히 배터리 분야에서 이러한 행보가 두드러졌는데, 테슬라는 파나소닉 등 파트너와 협력하면서도 동시에 자체 배터리 셀 생산 능력을 구축하기 위해 기가팩토리Gigafactory를 세웠다.

테슬라의 기가팩토리 네바다는 시스템 사고의 결정체라고 할 수 있다. 사막 한가운데 거대한 공장 건물을 짓고, 그 안에서 배터리 셀 제조부터 팩 조립, 차량 구동 모터와 드라이브트레인 생산까지 한 지붕 아래 통합했다. 머스크는 이 공장을 통해 배터리 대량생산의 경제적 규모 효과를 극대화하고, 물류비용을 최소화하며, 노하우를 내부에 축적하려 했다. 실제로 기가팩토리 가동 이후 테슬라는 배터리 비용을 기존보다 30% 이상 낮추는 성과를 거두었고, 생산된 배터리를 곧바로 자사 차량 조립에 활용하여 재고와 운송 지연을 줄이는 유기적 시스템을 구축했다. 또한 부품 공급망 측면에서도, 테슬라는 가능한 한 원재료 단계부터 확보하려는 움직임을 보였다. 리튬 광산 지분을 직접 획득하거나, 배터리 재활용 기업인 레드우드 머티리얼즈Redwood Materials를 통해 사용 후 배터리의 귀금속을 회수하는 등 광물 채굴 → 배터리 제조 → 차량 생산 → 재활용으로 이어지는 순환형 생태계를 구상한 것이다. 이처럼 처음부터 끝까지 하나로 아우르는 시스템적 접근은 공급망 혼란을 줄이고 비용을 낮추어, 궁극적으로 테슬라 차량의 경쟁력을 높였다.

시스템 사고를 통한 통합 전략은 비용 절감과 품질 향상이라는 두 마리 토끼를 잡았다. 테슬라는 수직계열화된 기가팩토리들을 전 세계에 분산 배치함으로써, 현지에서 차량을 생산하고 현지에서 판매하여 물류비를 절감했다. 또한 핵심 부품을 자체 생산하면서 설계 변경이나 혁신을 보다 신속히 적용할 수 있게 되었고, 소프트웨어부터 하드웨어까지 유기적으로 통합된 차량을 만들어 냈다. 그 결과 "자동차 업계의 애플"이라는 별칭이 생길 정도로, 테슬라는 하드웨어와 소프트웨어, 인프라가 한데 묶인 완결된 사용자 경험을 제공하게 되었다. 한 업계 전문가는 "테슬라의 배터리 공급망 모델이 성공하면 다른 제조사들도 앞다투어 수직 통합에 나설 것"이라고 평가했다. 그만큼 테슬라가 보여준 시스템 중심 사고는 업계의 패러다임을 바꿀 만한 것이었다.

결국 테슬라의 혁신 성공 스토리 뒤에는 제1원칙 사고와 시스템 사고의 시너지가 자리한다. 제1원칙 사고를 통해 배터리라는 난제를 근본에서부터 풀어내어 기술적 돌파구를 마련했고, 시스템 사고를 통해 그 돌파구를 현실 세계에 적용할 수 있는 생태계와 인프라를 구축했다. 머스크는 이 두 가지 접근법을 자유자재로 오가며 "불가능해 보이던 것을 가능한 일"로 만들었고, 이는 100년 넘게 지속된 내연기관 중심의 산업에서 새로운 방향의 전기차 산업으로 이끈 원동력이 되었다. 제1원칙 사고로 문제의 본질을 꿰뚫고, 시스템 사고로 전체 그림을 완성하는 전략 - 바로 이것이 일론 머스크가 테슬라를 통해 보여준 혁신의 비결이라 할 수 있다.

뉴럴링크: 뇌-컴퓨터 인터페이스에 도전하다

일론 머스크가 뉴럴링크Neuralink를 통해 추진한 혁신의 핵심에는 근본 원리로부터 문제를 바라보는 제1원칙 사고와 전체를 하나의 유기적 시스템으로 통합하여 접근하는 시스템적 사고가 결합되어 있음을 알 수 있다. 그는 전통적인 대학 연구실 중심으로 제한된 성과만을 내던 기존의 뇌·컴퓨터 인터페이스BCI 기술을 비판적으로 바라보면서, 그 근본적인 문제들을 하나하나 다시 질문하는 것부터 출발했다. 이전의 BCI 기술들은 딱딱한 금속 바늘 형태의 전극을 뇌에 삽입했기 때문에 시간이 지날수록 뇌 조직과의 물리적 차이에서 오는 생체적 거부 반응, 특히 면역 반응으로 인한 흉터 조직(글리아) 형성으로 인해 신호의 질이 급격히 저하되는 문제를 겪고 있었다.

또한, 경직된 전극의 삽입 방식은 전극의 수를 늘리는 데도 근본적인 제약이 있었다. 머스크는 이 문제를 단순한 기술적 한계로 받아들이지 않고, "왜 수백 개 이상의 전극을 심을 수 없는가?", "왜 전극을 삽입하면 항상 염증이나 흉터가 발생해야 하는가?", "왜 수술 과정이 그렇게 복잡하고 비용이 많이 드는가?"와 같은 근본적인 질문을 던졌다. 그러면서 기존의 BCI 접근 방식을 완전히 재검토했다.

이러한 근본적인 질문을 통해 뉴럴링크 팀이 찾은 해결책은 기존의 딱딱한 전극을 포기하고, 머리카락보다 훨씬 가늘고 유연한 초미세 전극 실thread을 만드는 것이었다. 뉴럴링크가 개발한 이 전극 실은 두께가 약 5μm에 불과해 뇌 조직과의 생체 호환성이 매우 뛰어나 뇌 조직에 주는 손상을 최소화했다. 기존의 딱딱한 금속 전극이 뇌 조직과의 기계적 불일치로 인해 지속적으로 면역 반응을 일으키고 흉터 조직(글리아)을 형성하여 신호 품질이 떨어지는 문제를 초미세하고 유연한 재질의 폴리머(폴리아미드 또는 폴리이미드 등)를 사용함으로써 근본적으로 해결했다. 게다가 이 초소형 전극 실은 두께가 약 1/20 머리카락 수준(약 5μm)에 불과하여, 수천 개의 채널을 한꺼번에 심을 수 있는 길을 열어주었다. 이와 같은 혁신은 단순히 전극의 물리적 특성만 바꾼 것이 아니라, 기존 BCI 기술의 근본적인 제약인 채널 수의 한계와 생체적합성 문제를 동시에 해결한 것이었다. 결국 머스크가 제1원칙적 사고를 통해 "가능한 가장 얇고 가는 전선을 최대한 많이 삽입하면 된다"라는 결론을 도출함으로써, 기존 기술로 불가능하다고 여겨졌던 128개 수준의 채널 수를 3,000채널 이상으로 증가시키는 엄청난 혁신을 이뤄냈다.

하지만 초미세 전극 실을 이용한 혁신적인 접근은 또 다른 문제에 직면했다. 이전의 딱딱한 전극은 의사의 손으로 뇌 조직에 강제로 꽂을 수 있었지만, 머리카락보다 훨씬 가늘고 부드러운 뉴럴링크의 초미세 실을 직접 손으로 삽입하려고 하면 실들이 쉽게 휘어지거나 엉키는 문제가 발생했다. 뇌 표면의 미세한 모세혈관을 피하면서 정확한 위치에 수천 개의 실을 삽입하려면 인간의 손으로는 불가능에 가까운 정밀한 조작이 필요했다. 여기서 다시 한번 머스크는 기존의 상식을 뛰어넘는, "왜 수술은 반드시 사람 손으로 해야 하는가?"라는 새로운 본질적인 질문을 던졌다. 이 질문을 통해 그는 BCI 삽입 수술 자체를 자동화된 고정밀 로봇 시스템으로 수행하겠다는 결정을 내렸다. 수술의 주체가 사람의 손에서 고정밀 자동화 기계로 바뀌는 이 혁신은 뉴럴링크가 제1원칙 사고뿐 아니라 시스템 사고를 통해 전체 문제를 통합적 시각에서 바라본 결과였다. 즉, 기술 자체를 개별적으로 바라보는 것이 아니라, 전극에서 뇌 조직, 그리고 로봇을 통한 삽입 수술까지 전체 과정을 하나의 통합된 시스템으로 인식한 것이다.

이러한 머스크의 시스템적 사고는 지속적인 반복 실험과 끊임없는 개선 철학을 통해 기술 발전을 가속화하는 원동력이 되고 있다. 소프트웨어 개발 분야에서 익숙한 민첩한(애자일) 접근 방식을 뉴럴링크에도 적용한 그는, 이론적이고 시뮬레이션 위주의 설계보다 수많은 시제품을 빠르게 제작해 실제 테스트를 반복하며 문제를 신속하게 개선하는 방식을 선호했다. 특히 스페이스X의 차세대 랩터Raptor 엔진 개발 사례에서 확인할 수 있듯이, 머스크는 수십 번의 실패를 통해 얻은 데이터를 다시 설계에 반영하여 빠르게 신뢰성을 확보하는 방식으로 시스템 전체의 성능을 끌어올리는 혁신 사이클을 구축했다. 이러한 "빠른 실패와 빠른 학습" 철학은 뉴럴링크의 뇌·컴퓨터 인터페이스 개발 과정에서도 그대로 이어지고 있으며, 결국 완벽에 집착하지 않고 지속적 개선을 통해 혁신 속도를 획기적으로 높이는 시스템적 접근의 사례가 되고 있다. 뉴럴링크는 이와 같은 제1원칙 사고와 시스템적 사고가 결합된 접근을 통해 뇌와 컴퓨터의 완전한 통합이라는 인류 역사상 전례 없는 거대한 목표를 실현하기 위한 기술적 토대를 차근차근 다져가고 있다.

일론 머스크의 뉴럴링크는 기존의 상식을 뛰어넘는 정교한 자동화 기술로 뇌·컴퓨터 인터페이스BCI 분야의 근본적인 한계를 극복하고자 했다. 특히 초미세 전극 실을 개발하면서 등장한 새로운 과제, 즉 사람 손으로는 가늘고 유연한 실들을 정밀하게 뇌 조직에 삽입하기 어렵다는 문제는 다시 한번 제1원칙적 사고의 적용 대상이 되었다. 머스크는 "왜 수술은 반드시 사람의 손으로 해야만 하는가?"라는 근본 질문을 던졌고, 결국 이 질문에서 자동화된 로봇 수술 시스템이라는 새로운 혁신이 탄생했다. 뉴럴링크 팀은 마치 재봉틀처럼 정밀한 움직임을 수행할 수 있는 삽입 로봇을 개발했는데, 이 로봇은 분당 약 6가닥의 전극 실(약 192개의 전극)을 자동으로 정교하게 뇌 조직 속에 삽입할 정도로 높은 속도와 정확성을 보였다. 이 삽입 로봇의 핵심은 "절대 혈관을 건드리지 않는다"는 원칙을 엄격히 지키도록 설계된 정밀 자동화 시스템이다. 기존 BCI 기술이 주로 인간의 수작업을 통해 이루어져 불가피하게 뇌 조직을 손상시키고 염증이나 출혈을 일으키는 문제를 야기했던 반면, 뉴럴링크의 로봇은 뇌 표면의 미세한 혈관을 실시간으로 탐지하여 이를 절대적으로 피하는 방식으로 삽입 작업을 수행한다. 따라서 이 로봇의 삽입 방식은 기존보다 훨씬 덜 침습적이며 뇌에 가해지는 스트레스를 현저히 줄였다.

이 로봇은 마치 아주 정밀한 재봉틀처럼 전극 실을 부드럽게 뇌 조직에 '꿰매듯' 삽입하는데, 여기서 중요한 점은 로봇이 전극 실에 힘을 줘서 강제로 꽂는 것이 아니라 뇌 조직을 최대한 부드럽고 섬세하게 다루면서 정확한 위치에 정확한 각도로 실을 위치시킨다는 것이다. 이는 인간의 손으로는 절대 수행할 수 없는 수준의 정밀성을 기계적 자동화로 구현한 것으로, 인간이 직접 시술할 때 생기던 손상이나 오류를 근본적으로 줄이는 데 성공했다. 머스크는 이 로봇 수술을 궁극적으로는 라식 LASIK 시력 교정 수술과 비슷하게, 누구나 빠르고 간단하게 받을 수 있는 일상적이고 저렴한 시술로 만드는 것을 목표로 삼고 있다. 이는 비용과 복잡성을 근본 원리에서부터 제거하여, 기술의 진입 장벽을 낮추고 대중적인 보급을 가속화하려는 그의 제1원칙적 사고가 반영된 결과라고 할 수 있다.

이와 함께 뉴럴링크는 전극 소재와 형태뿐 아니라, 전극으로부터 수집된 방대한 데이터를 처리하는 신호처리 및 전송 방식까지도 근본적인 원리에서부터 새롭게 접근했다. 전극은 폴리이미드계 폴리머를 기반으로 만들어 생체 적합성을 높였고, 전극 표면을 PEDOT:PSS*나 이리듐 산화물과 같은 특수 재료로

---

* PEDOT:PSS(폴리(3,4-에틸렌디옥시티올):폴리스테이렌 설폰)는 전도성 고분자인 PEDOT과 이를 수분산시키는 PSS의 혼합물이다. 이 물질은 전기 전도성이 있고 박막 형태일 때 투명하며, 수용액 상태로 존재하여 다양한 표면에 용이하게 코팅할 수 있다. 따라서 정전기 방지 코팅, OLED 및 유기 태양전지 등 전자 소자의 정공 주입/수송층, 투명 전극, 센서 등 다양한 분야에서 활용된다.

처리하여 신호 감도를 극대화하면서도 장기적으로 신호 품질이 떨어지지 않도록 했다.

나아가 뉴럴링크는 실시간으로 수천 개의 신경 신호를 증폭하고 디지털화하여 처리할 수 있는 맞춤형 집적회로 칩을 자체 개발했는데, 이 칩은 내장된 알고리즘을 통해 잡음 속에서도 유의미한 신경 신호를 즉각 구별해내는 능력을 갖추고 있다. 또한, 기존의 뇌·컴퓨터 인터페이스 기술에서 흔히 사용되던 머리뼈 밖으로 튀어나온 유선 연결 방식을 완전히 없애고, 블루투스와 같은 저전력 무선 통신을 활용하여 머리뼈 안에서 직접 데이터를 외부로 전송하는 방식으로 근본적인 변화를 시도했다. 이 무선 전송 시스템은 충전 역시 유도 방식으로 이루어지기 때문에, 사용자의 머리뼈 외부로 어떤 전선이나 커넥터도 노출되지 않아 감염 위험과 불편함을 근본적으로 제거했다. 초기에는 데이터를 전송하기 위해 USB-C 케이블을 사용했지만, 곧 완전한 무선 전송 방식으로 전환되었고, 현재 개발된 디바이스는 동전 크기의 칩에서 1,000개 이상의 전극의 데이터를 완벽히 무선으로 전달할 수 있는 수준으로 진화했다.

이러한 근본적인 원리로 돌아가 새롭게 문제를 정의하고 시스템적 관점에서 통합적으로 해법을 마련하는 접근 방식 덕분에 뉴럴링크는 뇌·컴퓨터 인터페이스 기술의 핵심적인 문제들

뉴럴링크 작동 방식

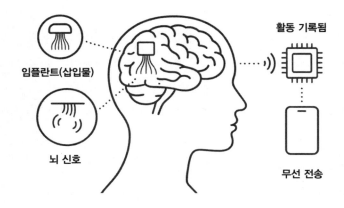

임플란트(삽입물)

뇌 신호

활동 기록됨

무선 전송

을 성공적으로 해결할 수 있었다. 전극의 개수를 늘리고, 생체 적합성을 높이며, 삽입을 자동화하고 데이터 처리와 전송 방식까지 무선화한 일련의 혁신은 머스크가 주도한 제1원칙 사고와 시스템 사고의 결합에서 나온 필연적 결과였다. 결국, 머스크의 뉴럴링크는 기존 BCI 기술에서 당연히 여겼던 한계들을 근본부터 재정의하고 혁신적으로 극복하면서 인간과 기계의 융합이라는 커다란 비전을 향해 한 단계 더 나아갈 수 있었다.

일론 머스크가 뉴럴링크를 통해 추구한 혁신의 핵심은 기존의 한계와 상식을 넘어선 제1원칙적 접근뿐 아니라, 전체 기술과 그 사용 환경을 하나의 거대한 유기적 생태계로 바라보는 시스템 사고에서도 드러난다. 그는 뇌·컴퓨터 인터페이스 기술을 단지 의료용 보조기기나 제한적인 연구 도구로만 생각하지 않았다. 오히려 인간과 인공지능^AI^을 연결하고 결합하는 통합된 네트워크 시스템의 핵심 구성 요소로 이 기술을 바라보았다.

머스크가 생각하는 미래의 비전은 단순히 개인이 기기를 통해 컴퓨터를 조작하는 수준이 아니라, 수많은 인간의 두뇌와 인공지능이 상호 연결되어 방대한 데이터가 자유롭게 흐르는 거대한 신경 네트워크 생태계를 구축하는 것이다. 그는 이미 우리가 스마트폰이나 컴퓨터 같은 장치를 통해 어느 정도 기계와 연결되어 있기는 하지만, 이러한 연결의 데이터 전송 속도(대역폭)는 아직 극히 제한적이라고 지적했다. 인간이 눈으로 정보를 입력하는 속도는 초당 수백 메가비트에 달하지만, 이를 다시 표현하여 외부에 전달하는 속도는 비교적 느려 인간과 기계 간의 정보 교환에 심각한 병목이 발생한다. 머스크는 바로 이 병목현상을 없애기 위해 뉴럴링크를 통해 인간의 뇌와 AI를 직접 연결하여 뇌 신호가 실시간으로 디지털 데이터와 명령으로 변환될 수 있는 높은 대역폭을 가진 인터페이스를 목표로 설정했다.

이러한 목표를 달성하기 위해 뉴럴링크는 시스템적 접근을 처음부터 설계의 중심에 두었다. 단지 신경 신호를 기록하고 전달하는 부분적인 장치로 끝나는 것이 아니라, 뇌 신호가 수

집되고 디지털화된 뒤, 머신러닝과 인공지능 알고리즘을 활용하여 실시간으로 해석하고 분석될 수 있는 포괄적인 생태계를 만들고자 했다. 구체적으로, 뉴럴링크의 뇌 임플란트 장치는 초미세 전극 실을 통해 수집한 뇌의 신호를 무선으로 실시간 전송하고, 이를 뉴럴링크가 자체적으로 개발한 칩을 통해 증폭, 디지털화한 뒤 AI 기반의 알고리즘이 즉각적으로 분석하여 유의미한 신경 신호만을 추출한다. 이를 위해 맞춤형 집적회로 칩에는 머신러닝 기반의 스파이크(신경 발화) 검출 알고리즘이 내장되어 있어, 노이즈가 많은 신호 속에서도 유의미한 신경 활동을 자동으로 구별할 수 있다.

머스크는 장기적으로 인간의 뇌 신호 패턴을 지속적으로 학습하는 클라우드 기반 AI와 연동하여 사용자의 특성을 정확하게 파악하고, 이를 토대로 더욱 정밀한 인터페이스를 제공할 수 있도록 하는 생태계를 구상하고 있다. 이를 위해 실시간 데이터 처리를 수 밀리초 이내로 완성할 수 있도록 하드웨어(임플란트), 소프트웨어(알고리즘), 데이터 전송(무선 통신), 그리고 외부 장치와의 인터페이스까지 철저하게 하나의 통합된 시스템으로 조율했다.

이러한 시스템적 접근은 기술적 혁신뿐만 아니라 사용자 경험에도 초점을 맞추고 있다. 기존의 연구용 BCI는 머리뼈에서 외부로 케이블이나 커넥터가 노출되어 감염 위험과 사용자의 불편을 초래했는데, 머스크는 처음부터 "뇌에 삽입되는 임플란트는 몸 밖으로 어떤 선이나 단자도 노출되지 않아야 한다"고 강조하며, 모든 장치를 머리뼈 안에 넣고 무선으로 데이터를 송수신하는 방식을 택했다.

뉴럴링크가 개발한 무선 인터페이스는 블루투스 저전력 통신으로 신경 데이터를 실시간 송신하고 유도 무선 충전 방식을 통해 전력을 공급받아, 피부 밖으로 아무런 장치나 케이블도 노출되지 않도록 설계되었다. 이는 사용자 입장에서는 일상생활 속에서 이물감이나 불편함 없이 자연스럽게 사용할 수 있게 해주는 근본적 혁신이었다. 머스크가 뉴럴링크 임플란트를 "머리뼈 안에 장착된 핏비트Fitbit"라는 표현을 사용하며 미래를 설명한 것도 이러한 시스템적 비전 때문이다.

또한 뉴럴링크의 시스템적 접근은 단기적 목표와 장기적 목표를 동시에 담고 있다는 점에서도 주목할 만하다. 머스크는 처음부터 신경과학 분야에서 흔히 볼 수 있는 실험적 수준에서 머무는 것이 아니라, 현실적인 의료적 응용 가능성(사지 마비 환자의 의사소통 향상, 시각 복원 등)과 인간과 기계의 완전한 통합이라는 궁극적 목표를 동시에 추구하고 있다. 우선적으로는 척수 손상 환자나 시력을 잃은 환자들이 뉴럴링크의 기술을 이용해 생각만으로 컴퓨터나 스마트폰과 같은 일상 도구를 원활히 조작할 수 있도록 하여 삶의 질을 획기적으로 높이는 의료적 용도로서 출발했다. 이미 2020년과 2021년에 돼지와 원숭이를 통해 실제 시연을 성공적으로 수행하며, 뉴럴링크 임플란트가 인간의 뇌 신호를 정확히 읽고 실시간으로 컴퓨터를 제어할 수 있음을 보여줬다. 이후 FDA의 승인을 통해 2023년 인간 대상 첫 임상시험 단계까지 진입한 상태이다.

하지만 머스크는 여기에 그치지 않고, 이 기술을 인간이 기계와 완전히 융합하여 AI와 공생symbiosis하는 거대한 미래 비전을 실현할 기반으로 바라보고 있다. 인간의 인지적 한계를 뛰어넘어 기억을 저장하고 재생하거나, 심지어 의식을 클라우드에 업로드하고 다운로드하여 일종의 영생 효과를 구현하는 극단적 미래상까지 제시하며 기술의 잠재력을 강조했다. 결국 뉴럴링크는 단순한 의료 장치나 보조 기기를 넘어, 뇌와 AI 간의 완벽한 고속 연결을 실현하여 인간 존재 자체를 근본적으로 변화시킬 수 있는 포괄적이고 혁신적인 시스템 구현을 목표로 하고 있으며, 이는 시스템 사고가 전체적인 생태계적 시각을 통해 기술과 인간, 그리고 인공지능을 한 프레임에 통합하여 진화해나가는 방식을 잘 보여주는 사례라고 할 수 있다.

일론 머스크가 뉴럴링크를 이끌면서 보여준 또 다른 중요한 특징은 기술적 혁신뿐 아니라 현실 세계에 성공적으로 적용하기 위해 규제, 임상실험 승인 등 사회적·제도적 측면까지 시스템적으로 접근했다는 점이다. 그는 이미 스페이스X와 테슬라를 운영하면서 기술적 혁신이 사회적으로 안착하기 위해서는 엄격한 인증과 규제 절차를 거쳐야 한다는 현실을 뼈저리게 경험했으며, 이를 뉴럴링크 프로젝트에서도 처음부터 염두에 두고 접근했다. 뇌 속에 삽입되는 임플란트 장치의 경우 특히 안전성과 윤리적 문제 때문에 FDA의 엄격한 승인 절차를 반드시 통과해야 하므로, 머스크는 처음부터 임상실험과 의료 규제 대응 전략을 연구개발 단계와 통합된 하나의 시스템 요소로 설계했다.

뉴럴링크는 설립 초기 단계에서부터 돼지나 원숭이를 대상으로 한 전임상 실험을 신속히 진행하여 기술의 안전성과 효능을 검증함과 동시에, 규제 당국과 소통할 때 필요한 데이터와 근거들을 체계적으로 쌓았다. 물론 그 과정에서 어려움도 있었다. 2022년 초 FDA로부터 첫 승인 신청을 거절당했을 때, 뉴럴링크는 실망하거나 단순히 기술적 문제에만 몰두하지 않고, 시스템 전체 관점에서 배터리 안전성, 전극의 장기적 안정성, 임플란트 제거 과정의 위험성 등 FDA가 지적한 부분을 차근차근 개선하고 보완하여 결국 2023년 5월 FDA의 인간 대상 임상시험 승인을 획득했다. 이후 같은 해 말 척수 손상으로 마비된 환자들을 대상으로 첫 임상 이식 수술을 진행하는 단계에 이르렀다.

이러한 뉴럴링크의 발전 과정에서 두드러지는 또 하나의 특징은 각 분야 전문가들의 통합이다. 머스크는 신경과학자, 전기공학자, 소프트웨어 개발자, 로봇공학자, 외과 의사와 재활의학 전문가, 재료공학자, 칩 설계 전문가까지 완전히 다른 전문성을 가진 인재들을 한 공간에 모아 협력하도록 했다. 그는 과거 스페이스X를 통해 로켓 개발 과정에서도 물리학, 화학, 공학 전문가를 결합했고, 테슬라를 통해 전기차와 배터리 시스템을 개발할 때도 서로 다른 전문성을 가진 사람들을 통합하여 문제를 해결하는 방식을 보여준 바 있다.

뉴럴링크 역시 머스크의 이러한 시스템적 접근 방식을 그대로 답습하여, 다양한 전문 지식이 결합되어 시너지 효과를 내는 통합적이고 학제적인 팀을 구성했다. 이처럼 뉴럴링크의 프로젝트는 기술 혁신부터 규제 대응, 임상시험 관리, 인력과 자원의 효율적 운영까지 모두 하나의 긴밀한 시스템으로 작동하도록 설계되었기에, 짧은 시간 내 주목할 만한 성과를 낼 수 있었다. 물론 동물 실험에서 발생한 윤리적 논란이나 FDA 승인의 어려움과 같은 부정적인 이슈들도 있었지만, 이러한 문제들은 뉴럴링크가 매우 빠른 속도로 기술을 현실화하고자 했던 야심 찬 시스템적 접근의 필연적인 부작용이기도 하다.

종합적으로 살펴보면, 일론 머스크가 뉴럴링크를 통해 구현한 혁신은 결국 사고방식의 혁신에서 출발했다는 점을 확인할수 있다. 그는 문제를 표면적으로 접근하거나 기존의 틀 안에서 수동적으로 바라보지 않고, 항상 근본 원리로 돌아가 문제자체를 새롭게 정의했다. 이러한 제1원칙적 사고를 통해 뉴럴링크는 기존 BCI 기술의 한계를 돌파하고 초미세 전극, 삽입로봇, 맞춤형 칩, 무선 통신 등 다양한 기술적 혁신을 이루었다. 동시에 그는 미래의 장기적 비전(인간과 AI가 통합된 신경망구축, 하이브 마인드hive mind의 실현)을 현실의 기술적 단계(환자들의 삶의 질을 향상하기 위한 임상 적용, FDA 승인과 같은 규제적 허들극복)와 긴밀히 연계시켜 전체 시스템을 균형 있게 설계하는 능력을 보여줬다.

뉴럴링크의 도전은 아직 초창기 단계이며, 앞으로 얼마나 성공적으로 전개될지 아직 알 수 없지만, 중요한 것은 머스크의사고방식 그 자체가 이미 커다란 영감을 주고 있다는 점이다. 근본에서부터 다시 시작하여 불가능을 가능하게 만드는 제1원칙 사고, 그리고 기술과 사회적 요소를 포괄적으로 바라보고통합하는 시스템적 사고가 결합될 때 비로소 혁신은 현실로 이루어질 수 있음을 뉴럴링크는 분명히 보여주고 있다. 결국 일론 머스크의 사례는 우리가 기술적 한계나 현실적 제약을 마주

했을 때 문제를 어떻게 바라보고 접근할 것인지에 대한 중요한 교훈을 제공하는 동시에, 인간의 지적 능력과 가능성 자체를 확장하는 새로운 시대의 문을 열어가는 실험이기도 하다.

보링컴퍼니: 도시 교통을 재설계하다

일론 머스크가 보링컴퍼니The Boring Company를 설립하기 전까지 터널 굴착 산업은 수십 년 동안 기술적 혁신 없이 정체 상태에 놓여 있었다. 터널을 건설하는 데 드는 비용은 상상을 초월할 정도였으며, 로스앤젤레스의 지하철 연장 공사의 경우 1마일(약 1.6㎞) 굴착 비용이 거의 10억 달러에 달할 정도였다. 또한 굴착 속도가 극히 느려 흔히 "달팽이보다 14배나 느리다"라고 비판받을 정도로 비효율적이었다. 머스크는 바로 이러한 문제를 근본부터 다시 분석하고자 했다. 그는 제1원칙 사고를 바탕으로 "왜 터널 굴착이 이렇게 비싸고 느릴 수밖에 없는가?"라는 근본적인 의문을 제기했다. 이에 따라 터널 건설 비용 구조와 굴착 과정을 세부 항목별로 철저히 분석해, 산업 전반에 만연한 관행적 비효율과 기술적 병목들을 하나씩 재검토하기 시작했다. 그 결과, 터널 굴착의 비효율성은 수십 년간 당연시된 전제들과 기존의 관행에서 비롯되었음이 분명히 드러났다. 머스크의 제1원칙적 접근은 이렇게 문제의 본질에까지 파고들어, 전통적인 방식과 기준을 근본적으로 재정의함으로써 새로운 혁신의 가능성을 열어주었다.

머스크가 터널 굴착 비용 구조를 분석하며 가장 먼저 주목한 것은 터널 단면적이 비용에 미치는 영향이었다. 기존 차량용 터널의 경우, 차선폭과 안전 여유를 확보하기 위해 일반적으로 직경이 2628피트(약 89m) 수준이었지만, 보링컴퍼니는 이를 절반 수준인 12피트(약 3.7m)까지 줄이는 방안을 제시했다. 터널의 직경을 50%로 축소하면 단면적은 4분의 1로 줄어들고, 굴착해야 하는 흙의 양 역시 75%가량 감소하기 때문에 이론적으로 같은 터널을 4배 빠르고 저렴하게 굴착할 수 있다.

이와 같은 발상은 '터널은 자동차보다 훨씬 커야 한다'는 기존의 고정관념을 벗어나, 순수하게 기하학적 사실에 집중한 제1원칙 사고에서 비롯되었다. 특히 머스크는 초기 아이디어로 사람이 직접 자동차를 몰고 터널을 달리는 대신, 차량을 전기 스케이트electric skate 플랫폼 위에 실어 이동시키는 방식을 제안했다. 차량이 사람의 조작 없이 자동 플랫폼 위에서 안정적으로 이동하면 차체 흔들림을 최소화할 수 있고, 결과적으로 터널의 폭을 좁게 설계해도 충분히 안전하게 운행할 수 있기 때문이었다. 이러한 혁신적인 접근을 통해 터널 직경만 줄여도 굴착 비용을 기존 대비 3~4배 절감할 수 있다는 결론을 얻었고, 머스크는 이를 토대로 전체 비용을 기존 대비 10분의 1 수준까지 낮추겠다는 목표를 세우게 되었다.

비용 구조 분석을 통한 제1원칙 접근은 다른 측면에서도 계속 이어졌다. 특히 머스크는 기존 터널 공사 비용에서 상당 부분을 차지하는 토사 처리 비용에 주목했다. 일반적으로 터널 굴착 과정에서 나온 흙은 트럭으로 실어 나르거나 매립지에 버리는데, 이 과정에서 전체 공사 비용의 약 15%가 소요되었다. 이 비용을 줄일 방법을 고민하던 머스크는 '굴착 폐기물의 벽돌화'라는 아이디어를 떠올렸다. 즉, 굴착 후 나온 막대한 양의 흙을 버리는 대신 압축하여 건축 자재인 벽돌로 만들어 판매하거나 현장에서 바로 터널 내부의 구조물로 재사용하는 것이다. 이 단순하면서도 혁신적인 발상은 폐기물 처리 비용을 수익 창출 수단으로 전환할 수 있는 가능성을 열어주었고, 현장에서 바로 재사용함으로써 추가적인 콘크리트 사용량을 줄이는 친환경 효과까지 가져왔다.

머스크는 또한 굴착하는데 필요한 대형기계인 TBM^{Tunnel Boring Machine}의 기술적 한계를 근본부터 재검토했다. 전통적인 TBM 작업 방식은 '절반은 파고, 절반은 멈추는' 형태로 이루어졌다. TBM이 조금씩 굴착한 후 멈춰서 터널 벽면을 콘크리트

세그먼트로 보강하는 작업을 반복하기 때문에, 실제 굴착 작업에 소요되는 시간은 전체 시간의 절반에 불과했다. 머스크는 여기서 "왜 반드시 멈춰야 하는가?"라는 질문을 통해 "굴착과 보강을 동시에 진행하면 되지 않을까?"라는 아이디어를 냈다. 이에 따라 보링컴퍼니는 굴착이 이루어지는 동시에 바로 뒤에서 로봇이나 자동화 장비가 터널 벽을 실시간으로 보강하는 연속 굴착continuous mining 기술을 개발했다. 이를 통해 굴착 공정을 중단할 필요 없이 연속적으로 진행할 수 있게 되어 전체 공정 속도를 기존 대비 최대 50%까지 향상시킬 가능성을 열었다.

TBM 기술의 또 다른 근본적 질문은 "현재 TBM의 굴착 속도가 기술적 한계에 다다랐는가?"였다. 많은 사람이 거대한 굴착 장비가 이미 최대로 작동 중이라고 여겼지만, 머스크는 기계의 실제 동력과 내구성 한계를 철저히 분석한 결과 기존 TBM들이 최대 출력이나 발열 한계까지 작동되지 않고 여전히 여유가 많다는 사실을 발견했다. 즉, 장비들이 안전율을 지나치게 높게 설정한 상태에서 최대 성능을 발휘하지 못하고 있었던 것이다. 이에 따라 머스크의 보링컴퍼니는 TBM의 모터 출력을 획기적으로 높이고 냉각 시스템을 강화하는 등 장비의 성능을 최대한으로 끌어올리는 방안을 추진했다. 이를 통해 기존 대비 4~5배 이상의 굴착 속도를 달성할 수 있다고 판단했다. 아울러 TBM

운용 과정의 자동화도 중요한 개선점으로 삼았다. 전통적인 터널 공사는 다수의 작업자가 수동으로 장비를 조작하고 자재를 운반하는 방식으로 진행되었으나, 이를 자율주행 전기 트럭이나 원격제어 시스템으로 대체하여 작업의 휴지 시간을 최소화하고 안전성도 높이는 방향으로 나아갔다. 결국, 사람의 개입 시간을 최소화하고 기계가 24시간 지속적으로 작업할 수 있도록 만드는 것이 머스크의 궁극적인 목표였다.

이처럼 제1원칙 사고를 통해 머스크는 "어떻게 하면 근본적으로 더 빠르고 더 저렴하게 터널을 굴착할 수 있을까?"라는 질문에 대한 실질적인 답을 찾았다. 기존 TBM 장비를 개량하여 첫 번째 시험용 TBM으로 '고도Godot'라는 중고 장비를 개조해 활용했으며, 이후 자체 설계한 신형 TBM '프루프록Prufrock'을 개발하여 기존 대비 6배 이상 빠른 주당 1마일(약 1.6㎞) 이상의 굴착 속도를 실현했다. 특히 회사 설립 초기부터 실제 애완 달팽이 '개리Gary'를 마스코트로 키우며 "우리 기계가 개리보다 더 빨리 굴착하는 날이 목표"라는 농담 섞인 도전을 지속했는데, 이는 지루하고 힘든 터널 굴착 작업을 창의적이고 유쾌한 방식으로 접근하며 기존 한계를 극복하고자 하는 머스크의 독특한 사고방식을 잘 보여주는 사례라 할 수 있다.

앞서 언급한 굴착 폐토를 벽돌로 재활용하는 아이디어는 보

보링컴퍼니의 신형 TBM 프루프록

링컴퍼니의 제1원칙 사고를 명확하게 보여주는 사례이다. 일반
적으로 터널 굴착 과정에서는 방대한 양의 흙더미가 폐기물로
발생하며 처리 비용이 크게 들어가지만, 머스크는 이를 '버려
지는 부산물이 아니라 가치 있는 상품'으로 변화시킬 수 있다고
판단했다. 그는 터널 굴착 과정에서 나온 흙을 재가공하여 '보
링 브릭boring brick'이라는 레고 블록 형태의 견고한 벽돌로 만들
어 판매하겠다고 밝혔고, 이를 실현하기 위해 2018년에는 아
예 '더 브릭 스토어The Brick Store'라는 자회사까지 설립하였다. 보
링 브릭은 압축 강도가 일반 시멘트 블록보다 높을 정도로 튼튼
하면서도 가격은 개당 10센트(약 100원) 수준으로 저렴하게 책

정되었으며, 머스크는 경우에 따라 저소득층 주택 건설 등 사회적 목적을 위해 무상으로 제공하는 계획까지 밝혔다. 이를 통해 굴착 현장에서 발생하는 폐토 처리 비용을 획기적으로 줄이는 동시에 추가적인 수익 창출과 환경 부담 감소라는 일석이조의 효과를 노린 것이었다.

실제로 보링컴퍼니는 LA에 시험용 터널을 굴착할 당시 현장 인근에 임시 생산 시설을 설치해, 터널에서 나온 흙을 거푸집에 넣고 압축하여 실제로 벽돌을 제조하는 과정을 공개적으로 시연하기도 했다. 더 나아가 이 벽돌로 중세풍의 '미니 감시탑'을 쌓는 퍼포먼스를 벌였는데, 머스크는 트위터를 통해 "우리 벽돌로 만든 망루에 올라가 프랑스 억양으로 조롱해줄 기사 Knight가 필요하다"라고 농담을 던지며 대중의 관심을 유쾌하게 끌었다. 이와 같은 이벤트는 단순한 홍보 행사를 넘어, 흔히 버려지는 흙도 유용한 건축 자원으로 탈바꿈시킬 수 있다는 머스크의 창의적인 사고방식을 상징적으로 드러낸 장면이었다. 장기적으로 보링 브릭은 친환경적이고 저렴한 건축 자재로 실제 건축 현장에서 사용될 가능성을 열어두었으며, 이를 통해 보링컴퍼니의 사업모델이 단순한 터널 굴착을 넘어 건설 자재 생산과 같은 새로운 영역으로까지 확장될 가능성을 보여주었다. 이는 머스크가 제1원칙 사고를 통해 문제를 근본부터 재정의하고, 그렇게 얻은 발상을 현실의 기술과 사업모델로 구체화한 중요한 사례로 평가할 수 있다.

머스크의 터널 사업에서 또 하나 두드러지는 점은 터널을 단순한 교통수단으로만 보지 않고, 도시 전체를 변화시킬 수 있는 거대한 인프라 시스템으로 이해한 데 있다. 그는 애초에 터널 몇 개를 뚫어 자동차가 통과하는 수준에서 만족하지 않고, 도시 전체의 입체적인 활용이라는 넓은 관점에서 문제를 다시 바라보았다. 기존 도시계획가들이 대중교통 확충이나 도로 확장 같은 기존의 평면적 접근 방식을 고민할 때, 머스크는 도시가 3차원적으로 활용될 수 있음에도 왜 교통 시스템은 평면에 제한되는지 의문을 던졌다.

처음 그는 하늘과 지하라는 두 가지 선택지를 놓고 검토하였는데, 현실적인 소음, 기상 조건, 안전성 문제 때문에 하늘을 나는 자동차보다는 보이지 않는 지하 공간이 더 실현 가능하다고 판단했다. 지하는 충분히 깊게 굴착하면 지상에 전혀 방해가 되지 않고, 날씨나 소음, 진동의 문제로부터 자유로운 데다 현대 도시에서 거의 개척되지 않은 무한한 확장 가능성이 있기 때문이었다. 결국, 머스크는 지하 터널망을 도시의 신경망처럼 무한히 확장 가능한 도시 인프라로 인식했고, 이러한 접근법을 통해 3차원 터널 네트워크를 구축하면 지상 교통량을 획기적으로 분산시킬 수 있을 것으로 확신했다.

보링 컴퍼니가 내세우는 '임의 수준의 교통량도 처리할 수 있는 3D 터널 네트워크'라는 슬로건은 바로 이런 시스템적 접근 방식을 구체화한 것이다. 터널의 충수를 사실상 무제한으로 늘릴 수 있어, 지상의 한정된 도로에서 처리할 수 없는 많은 차량을 지하 공간으로 분산시키고 교통 혼잡을 근본적으로 해소할 수 있다. 이와 같은 시스템적 사고는 터널을 단순한 자동차 통로로만 한정하지 않고, 전력선이나 통신망, 화물 물류, 심지어 지하 보행자 통로까지 포함한 도시 전체의 만능 인프라로 확장 가능성을 열어 두었다. 이는 머스크가 도시 계획, 교통 공학, 토목 기술, 에너지 인프라와 같은 여러 요소를 종합적 관점에서 바라보고, 터널 사업을 이러한 복합적인 도시 시스템의 일부로 최적화하고자 했기 때문에 가능했던 접근이다.

머스크는 또한 터널 굴착 과정 전체를 하나의 시스템으로 파악하여, 기술적 요소 외에 행정적·제도적 문제까지 포함한 총체적인 최적화 전략을 구상했다. 터널 공사는 단순히 기술력만으로 해결되지 않으며, 어디에 어떻게 건설하느냐에 따라 인허가 문제와 경제성 등이 크게 달라지는 복잡한 시스템적 과제이다. 머스크는 처음부터 굴착 과정에서 발생하는 행정적 병목을 줄이기 위한 전략을 마련했다. 일반적으로 도심에 새로운 터널을 만들려면 환경영향평가 등 복잡한 규제 절차로 인해 수년의 시간이 걸리지만, 그는 LA 호손의 스페이스X 본사 부지 아래 개인 소유의 땅을 활용하여 빠르게 시험용 터널을 굴착함으로써 규제 절차를 우회하는 전략을 택했다. 이러한 접근은 전체 시스템의 효율성을 높이기 위해 행정적·제도적 요소까지 최적화한 사례라 할 수 있다.

나아가 터널 공사 과정에서도 주변 도시 시스템과의 통합을 세밀히 고려하여 설계했다. 대표적인 예가 라스베이거스 컨벤션 센터LVCC에 터널을 건설하면서, 참가객 수십만 명이 오가는 대규모 행사가 진행되는 동안에도 도로 폐쇄나 행사 지연 없이 터널 공사를 완벽하게 마친 사례다. 이는 지하 깊숙한 곳에서 공사를 진행하고, 터널 입구와 출구를 도시 구조에 자연스럽게 녹아들도록 설계하여 가능한 일이었다. TED 인터뷰에서 머스크가 언급한 것처럼, 도로 위 주차 공간 두 개 정도만 있으면 자동차를 엘리베이터로 내려보낼 터널 출입구를 충분히 설치할 수 있도록 설계된 것이다. 이를 통해 터널 인프라가 지상 공간을 거의 차지하지 않으면서 도시의 기존 기능을 전혀 방해하지 않는 시스템적 통합을 실현하였다.

머스크는 또한 기존 지하철역과 같은 큰 규모의 역 대신, 도시 전역에 촘촘하게 배치할 수 있는 소형 승강장을 계획했다.

승강장 크기를 차량 두 대 주차 공간 정도의 크기로 최소화하면, 도심 내 건물의 지하 주차장이나 도로변의 작은 공간에도 역을 설치할 수 있어 역의 수를 사실상 무제한으로 확장할 수 있다. 이렇게 되면 이용자들이 특정 몇몇 대형 역에 몰리지 않고 도시 전역에 분산된 작은 승강장에서 직접 탑승할 수 있어 지상 혼잡까지 완화하는 효과를 얻는다. 또한, 전통적인 지하철과 달리 각 차량이 목적지까지 무정차 직행하는 방식으로 설계되어 이동 시간을 크게 단축할 수 있으며, 정거장 수, 터널 수, 차량 수를 유연하게 늘려가면서 전체 시스템의 수송 용량을 쉽게 확장할 수 있다는 장점이 있다.

결국, 머스크가 지향한 접근법은 개별적인 터널과 역 단위가 아니라 전체 도시 교통 시스템의 흐름과 용량을 최적화하도록 설계된 것이다. 이는 도시 차원의 복잡한 교통 문제를 부분적이 아니라 근본적이고 전체론적으로 바라보고 해결하고자 했던 시스템적 사고의 대표적인 사례라 할 수 있다.

머스크가 이끄는 보링컴퍼니의 시스템적 접근은 단지 현재의 자동차 터널 건설에만 국한되지 않고, 장기적으로 하이퍼루프 Hyperloop라는 더욱 야심찬 교통수단을 실현하는 것까지 고려하고 있다. 2013년 머스크가 처음 제안한 하이퍼루프는 진공에 가까운 튜브 안을 캡슐형 차량이 음속에 가까운 속도로 이동하

보링컴퍼니의 하이퍼루프

는 초고속 교통시스템인데, 그는 이를 개념적으로 오픈소스로 공개해 다른 기업들이 개발하도록 유도하였다.

하지만, 실제 하이퍼루프 구현의 핵심 인프라인 터널망 건설 능력을 갖춘 곳은 보링컴퍼니뿐이라는 사실 때문에, 머스크는 처음부터 자신들의 터널이 장차 하이퍼루프와 자연스럽게 연결될 수 있도록 구상했다. 실제로 스페이스X 본사 부지에는 하이퍼루프 캡슐 테스트를 위한 진공 튜브 시설이 설치되어 있었으며, 이를 통해 관련 기술 실험과 개발이 동시에 진행되었다. 머스크는 또한 터널 구조물 자체를 처음부터 진공 환경을 견딜 수 있는 방식으로 설계했다. 그는 터널 벽체가 지하수 압력을 견

디는 데 필요한 압력보다 진공 상태를 유지하는 데 필요한 압력이 더 낮다는 역발상을 통해 구조적 설계의 효율성을 높일 수 있다고 판단하였다.

물론 초고속 하이퍼루프를 실현하기까지는 많은 기술적 과제가 존재하지만, 중요한 것은 현재 건설 중인 터널망이 이미 미래 하이퍼루프 시스템으로의 확장 가능성을 내포하고 있다는 점이다. 라스베이거스에 설치된 터널들 역시 장기적으로 도시 간 하이퍼루프망으로의 진화를 염두에 두고 설계되었으며, 이는 터널 건설 하나하나가 거대한 시스템적 계획의 일부라는 머스크 특유의 전략적 접근을 잘 보여주는 사례라 할 수 있다.

이러한 시스템적 접근이 실제로 구현된 대표적인 사례가 바로 라스베이거스에서 진행 중인 베가스 루프Vegas Loop 프로젝트다. 이 프로젝트는 보링컴퍼니의 첫 상용 도심 터널 교통망으로서, 비교적 소규모인 컨벤션 센터 구간부터 출발하여 점차 도시 전체로 확장해 가는 실험적 성격을 갖고 있다. 베가스 루프의 시작은 2019년 라스베이거스 컨벤션 센터LVCC 부지 내부를 연결하는 총 길이 약 2.7㎞의 터널 두 개를 건설하는 계약이었다. 주변의 회의적인 시선에도 불구하고 이 프로젝트는 불과 1년 만에 완공되어 주목을 받았으며, 2021년 공개된 이 터널은 지상에 설치된 세 개의 작은 정거장을 통해 전기차로 45분 거리의 도보 이동을 단 2분으로 단축하는 성과를 거두었다. 특히 이 터널의 건설 비용은 약 4,750만 달러로, 기존의 지하철이나 도로 터널에 비해 현저히 낮은 수준이었다. 이 초기 프로젝트의 성공은 머스크가 강조했던 '비용 10분의 1, 속도 10배'의 목표가 현실에서도 가능함을 증명한 사례였다.

이러한 초기 성공을 바탕으로, 라스베이거스 당국은 시 전체를 아우르는 더욱 큰 규모의 베가스 루프 구축 계획을 승인하였다. 이 계획은 라스베이거스 스트립 일대의 주요 호텔, 공항, 경기장, 다운타운 등을 연결하는 총 24㎞에 달하는 터널과 약 50개의 정거장을 건설하는 대규모 프로젝트로 발전하였다. 현재 일부 구간은 이미 완공되어 부분적으로 운영되고 있으며, 완성되었을 때 이 터널망은 시간당 최대 90,000명을 수송할 수 있는 엄청난 규모로 확장될 예정이다. 이 같은 수송량은 촘촘히 배치된 작은 정거장들과 목적지까지 직행하는 테슬라 전기차의 운행 방식 덕분에 가능하다. 지상 교통망으로는 이 정도의 수송량을 처리하기 위해 대규모 재정비가 필요하지만, 머스크는 지하 공간을 활용한 새로운 시스템으로 보다 저렴하고 효율적으로 이를 구현하고자 하였다.

베가스 루프 프로젝트가 진행됨에 따라, 다른 도시들도 머스크의 이 혁신적 접근에 관심을 보이기 시작했다. 플로리다의 마이애미, 텍사스의 샌안토니오 등도 유사한 시스템 구축 가능성을 논의하고 있으며, 머스크는 마이애미 시장에게 매우 저렴한 가격으로 터널 건설을 제안하는 등 적극적인 확장을 시도하고 있다. 이는 결국 베가스 루프가 도시 규모의 복잡한 교통 문제를 시스템적으로 해결할 수 있음을 보여주는 좋은 사례가 되었으며, 머스크의 시스템 사고가 어떻게 도시 전반의 교통 인프라를 혁신할 수 있는지를 입증하는 현실적인 사례로 자리 잡았다. 작은 규모의 파일럿 프로젝트에서 시작하여 시스템적 확장 가능성을 갖춘 표준화된 설계를 기반으로 도시 전체로 손쉽게 확대할 수 있게 한 머스크의 전략은, 단지 하나의 터널 공사가 아니라 지속적으로 진화하고 성장하는 도시 인프라 시스템을 구축하는 모델로 자리매김하였다.

일론 머스크가 보링컴퍼니를 통해 이룬 성과는 단순히 몇 개의 터널을 파낸 이야기가 아니라, 기존 상식을 근본부터 재검토하여 문제를 해결하는 혁신적 사고방식이 현실화된 사례로 볼 수 있다. 그는 제1원칙 사고를 통해 문제의 핵심을 다시 정의하고, 기존 관습과 고정관념에 얽매이지 않는 참신한 발상을 통해 기술적 혁신을 실현했다. 또한 시스템 사고를 바탕으로, 이러한 개별 기술들이 도시 교통이라는 더 큰 맥락 속에서 어떤 방식으로 통합되고 활용될 수 있을지 고민하며 전체 시스템의 최적화를 이루어 냈다. 도심 교통체증이라는 복잡한 문제를 마주하고 "왜 평면에서만 답을 찾으려 하는가?"라는 근본적 질문을 던진 순간부터, 느리고 비효율적인 터널 굴착 공정을 "어떻게 하면 몇 배 더 빠르게 만들 수 있을까?"라는 궁금증을 해결하기 위한 끊임없는 실험과 개선의 과정까지, 모든 것이 머스크 특유의 창의적 접근 방식에서 비롯된 결과였다.

물론 이 과정에서 보링컴퍼니의 모든 도전이 성공적이었던 것은 아니다. 몇몇 도시에서는 터널 건설 계획이 중단되기도 했고, 하이퍼루프와 같은 미래적 비전 역시 여전히 많은 기술적 난제를 남겨두고 있다. 그러나 중요한 것은 머스크의 접근법이 기존의 점진적인 개선 방식과는 전혀 다른 차원의 패러다임 전환을 일으키고 있다는 점이다. 문제의 근본 원리를 되묻고, 전체 시스템의 효율성을 고려하는 방식으로 접근하면 불가능해 보였던 문제에서도 새로운 해결책이 나타날 수 있음을 그는 실제로 증명해 보이고 있다.

오늘도 보링컴퍼니의 터널 굴착기는 도시의 지하 어딘가에서 조용히 전진을 계속하고 있을 것이다. 비록 아직은 머스크의 애완 달팽이 개리보다 속도가 빠르지 않을 수도 있지만, 머스크와 그의 팀은 언젠가 그 달팽이를 능가할 날을 향해 꾸준히 나아가고 있다. 그리고 그 날이 왔을 때, 우리의 도시 풍경은 지금과는 완전히 다른 모습으로 바뀌어 있을지 모른다. 결국 지루한 터널Boring Tunnel이 이렇게 흥미로운 가능성으로 가득한 영역이라는 점을, 머스크는 자신만의 독특한 사고법으로 세상에 증명하고 있는 셈이다.

· 제4장 ·

제1원칙 사고의
핵심 구성 요소

FIRST
PRINCIPLES
THINKING

제1원칙 사고First Principles Thinking는 복잡한 문제를 근본부터 해결하기 위한 강력한 사고 기법이다. 기존의 관성적 사고나 관행에 의존하는 대신, 가장 기본적인 원리와 요소부터 출발하여 새로운 해결책을 모색한다.

이 장에서는 제1원칙 사고가 어떤 핵심 요소들로 구성되어 있고 이를 실제 사고 과정에 어떻게 적용할 수 있는지 논리적으로 설명한다. 구체적으로 문제 정의와 전제 파악, 근본 요소로의 분해, 기본 원리로부터의 재조합, 반복적인 검증 과정, 그리고 논리적·수학적 사고와의 연관성이라는 다섯 가지 측면에서 제1원칙 사고를 탐구한다.

문제를 정확히 정의하는 기술

어떤 문제를 제1원칙 사고법으로 풀기 위해서는 우선 문제를 명확히 정의하고, 자신이 가지고 있는 전제assumption들을 최대한 구체적으로 인식하고 드러내는 것이 필수다. 흔히 사람들은 문제를 처음 마주할 때 문제 자체에 담겨 있는 여러 가정을 무의식적으로 받아들이는 경우가 많은데, 이러한 전제들이 생각의 폭을 제한하거나 고정된 관점으로 갇히는 원인이 된다.

특히 경험이 많거나 특정 분야에 익숙한 사람일수록 새로운 문제에 직면할 때면 과거의 유사한 문제 상황을 바탕으로 바라보며, 이전의 성공 사례나 현재 업계의 일반적인 관행을 그대로 답습하는 경향을 보이기도 한다. 이때 과거의 사례에서 유사성을 찾아 문제를 해결하려는 접근법을 유추적 사고analogical reasoning라고 한다. 유추적 사고는 이미 증명된 방식에 기대어 손쉽게 답을 찾을 수 있다는 점에서 효율적인 전략일 수 있지만, 이것이 오히려 새로운 관점이나 혁신적인 해결책을 찾는데 방해가 될 수 있다.

반면, 제1원칙 사고는 문제를 처음부터 완전히 새롭게 바라보는 접근법이다. 이것은 문제를 규정하는 과정에서부터 "지금 내가 당연히 받아들이고 있는 전제가 과연 정말 타당한가?"

라는 의문을 던지는 것에서 출발한다. 사람들은 종종 자신이 가진 지식을 객관적인 진리로 착각하는데, 사실 이러한 지식은 대부분 특정 시점과 맥락에서 형성된 제한적 가정인 경우가 많다. 제1원칙 사고에서는 문제의 표면적 형태나 관습적 해법에 끌려가지 않고, "이 문제를 해결하려는 근본 목적이 무엇인가?"라는 본질적인 질문을 통해 문제를 정의한다. 즉, 기능적 관점에서 문제의 본질에 접근하고, 문제의 형태form보다는 달성하고자 하는 근본적인 목적function에 초점을 맞추는 것이 중요하다. 예컨대 "자동차는 반드시 화석연료를 사용해야 한다"는 기존의 암묵적 전제에 의문을 던지고, "자동차는 결국 무엇을 위한 기계인가?"라는 근본적 질문으로 돌아가면 이동 수단으로서의 본질적 기능에 집중하게 되고, 결국 전기차라는 혁신적 해결책을 도출하게 된다.

이러한 전제 파악과 검증 과정을 잘 보여주는 방법이 바로 소크라테스식 문답법Socratic questioning이다. 소크라테스는 대화를 통해 "나는 왜 이렇게 생각하는가?", "이 주장은 과연 타당한가?", "이 조건은 왜 꼭 필요한가?" 등의 질문을 체계적이고 반복적으로 던짐으로써 자신이나 상대방이 무의식적으로 전제하고 있는 가정들을 명확히 드러냈다. 이러한 질문법은 자신의 믿음이 객관적이고 명확한 근거에 기반하고 있는지, 아니면 단지 습관적이거나 비판 없이 받아들여진 전제에 기반한 것인지를 분명히 밝혀내는 데 큰 효과가 있다. 즉, 소크라테스식 질문은 문제 정의 단계에서 핵심을 흐리는 불필요한 요소들을 제거해 문제의 본질을 더욱 명료하게 만드는 도구이다.

전제assumption가 사고를 제한하는 방식은 다음과 같다. 한번 받아들여진 전제는 무의식적 수준에서 사고의 범위를 제한하며, 창의적 아이디어나 혁신적 해결책을 떠올리지 못하게 만드는 일종의 보이지 않는 장벽처럼 작용한다. 예컨대, 조직이나 개인들이 흔히 말하는 "원래 이렇게 하던 것이다"라는 관습적인 태도가 여기에 해당된다. 기업이나 조직에서 신입 사원이 기존 업무 방식을 의심하지 않고 그대로 받아들이는 것이 그 대표적 사례다. 이러한 사고방식은 과거의 조건에서는 유효했을지 모르나, 변화된 환경이나 새로운 기술 발전, 또는 근본적 목적을 새롭게 규정할 필요가 있을 때는 장애물이 될 뿐이다. "항상 그래왔으니까"라는 논리는 문제를 더욱 경직된 관점에서 바라보게 하고, 결국 혁신적인 해결책을 찾기 어렵게 만든다. 이러한 한계를 극복하기 위해서는 현재 가지고 있는 모든 전제를 명확히 드러내고, 각 전제를 근본적인 차원에서 하나하나 철저히 검증하고 재평가하는 과정이 필수적이다.

이처럼 문제를 명확히 정의하고 기존의 모든 전제를 종이 위에 구체적으로 기록한 후, "이 가정은 과연 옳은가?", "이 전제가 없다면 어떤 해결책이 가능한가?" 등을 묻고 검토하면서 타당성을 재점검하면, 문제의 본질만을 남긴 채 근본적인 수준에서 다시 문제를 정의할 수 있게 된다. 그렇게 되면 비로소 제1원칙 사고의 다음 단계인 근본 요소 분석과 혁신적 문제 해결의 발판을 마련할 수 있다. 결국 제1원칙 사고의 출발점이 되는 문제 정의와 전제 파악 과정은 단순히 문제를 명확히 하는 데 그치는 것이 아니라, 혁신적이고 창의적인 해결책을 가능하게 하는 토대를 다지는 매우 중요한 단계라 할 수 있다.

본질을 쪼개는 근본 요소 분석

근본 요소 분석Decomposition은 문제를 해결하기 위해 그것을 이루고 있는 복잡한 구조를 더 이상 나눌 수 없는 가장 작은 단위의 구성 요소들로 쪼개는 작업이다. 이것은 제1원칙 사고에서 본질적인 핵심 단계를 이루는 기법이며, 표면적으로는 해결할 수 없어 보이거나 난해한 문제를 다룰 때 특히 효과적이다. 실제로 세상에 존재하는 대부분의 복잡한 문제는 겉보기엔 하나의 거대한 덩어리로 보이지만, 각각의 본질적 요소로 나누고 쪼개어 들어가면 궁극적으로 몇 가지 기초적인 단위 요소나 근본 원리로 환원될 수 있다. 이러한 접근법은 학문적 영역에서는 환원주의reductionism라는 이름으로 널리 쓰이고 있으며, 물리학과 수학, 생물학 등 다양한 학문 분야에서 근본적인 이해를 위한 표준적인 분석 방법으로 자리 잡고 있다.

예컨대 물리학에서는 눈앞에 보이는 거시적이고 복잡한 자연 현상을 그대로 해석하려 하지 않고, 그것을 점점 더 작은 단위로 쪼개어 미시적인 수준에서 다시 바라본다. 어떤 물체의 운동을 설명하고자 할 때, 물리학자는 우선 그 물체가 어떤 힘의 작용을 받는지, 그 힘을 만들어내는 근본적인 상호작용과 요소는 무엇인지 등을 분석함으로써 현상의 본질적 이유를 명확히 파악한다. 이렇게 하면 겉으로 드러나는 현상 너머에 숨겨진 원인을 정확히 이해할 수 있다.

또한 수학에서는 복잡해 보이는 문제를 가장 기본적인 공리axiom와 논리 법칙으로 분해하여 설명하고, 이를 통해 더 복잡한 명제나 정리들을 연역적으로 이끈다. 과학에서 흔히 "제1원칙first principles으로부터 출발한다"고 말할 때의 의미 역시, 이미 입증된 가장 근본적인 법칙이나 가정으로부터 논리를 쌓아 올린다는 것을 뜻한다. 이는 경험에서 얻은 공식이나 관습적 모델에 의존하지 않고, 처음부터 확실하게 증명된 기초 원칙에서 출발하여 이론을 체계적으로 구축한다는 의미다. 따라서, 근본 요소 분석은 과학적 탐구에서뿐 아니라 일상적인 문제 해결이나 비즈니스 전략 수립에도 강력한 접근법이 된다.

이러한 문제 분해 과정에서 자주 활용되는 실질적인 방법 중 하나가 바로 "5 Whys"라는 기법이다. 이 방법은 아이들이 호기심으로 끊임없이 질문하는 것처럼, 특정 현상에 대해 연속적으로 "왜 그런가?"를 다섯 번 정도 질문하며 문제의 본질로 깊이 들어가는 전략이다. 문제 상황에 대해 최초로 질문을 던지고 나서 답을 얻으면, 바로 그 답에 대해 다시 "그렇다면 왜 그런 결과가 생겼는가?"라고 또다시 질문하는 것이다. 이렇게 하면 표면적 현상이나 즉각적으로 떠오르는 답변을 넘어, 더 깊이 자리 잡고 있는 근본 원인이나 본질적인 가정을 발견할 수

있다. 예를 들어, 기업의 매출이 정체된 상황이라면 우선 "왜 매출이 증가하지 않는가?"라는 질문으로 시작할 수 있다. 여기서 나오는 첫 번째 답변이 "고객들이 우리 제품을 잘 찾지 않는다"라고 가정하면, 다시 두 번째 질문으로 "왜 고객들이 우리 제품을 잘 찾지 않는가?"라고 묻는다. 이렇게 질문을 반복하여 다섯 번 정도 "왜"를 던지다 보면, 최종적으로 근본적인 문제의 핵심에 다가가게 되고, 더 이상 쉽게 답할 수 없는 본질적 원인이나 숨어 있던 가정이 명확히 드러나게 된다. 바로 이 지점에서 문제의 진정한 본질이 밝혀지고, 해결의 실마리를 얻을 수 있는 출발점이 마련된다.

뿐만 아니라, 근본 요소 분석은 특히 비즈니스나 기술 혁신 분야에서 매우 중요하게 활용되는 방법론이다. 복잡한 문제를 보다 작은 구성 요소로 나누어 면밀히 살펴보면, 개별 요소에 대한 깊은 이해와 더불어 그동안 놓치고 있었던 혁신적 해결책의 가능성이 새롭게 드러나기 때문이다. 테슬라와 스페이스 X 등을 창립한 일론 머스크의 유명한 사례가 이를 극명히 보여준다. 머스크가 처음 로켓 발사 비용이 지나치게 비싸다는 문제에 직면했을 때, 기존의 방식대로 로켓을 통째로 구매하거나 로켓 제작 업체의 기존 관습을 그대로 따르는 대신, 그는 로켓을 구성하는 근본 요소들로 분해하는 접근법을 택했다. "로켓은 과연 무엇으로 이루어져 있는가?"라는 질문을 던지고, 로켓은 제작에 필요한 재료 목록과 각 재료의 시장 가격을 조사하기 시작했다. 이를 통해 로켓의 주요 구성 요소가 항공우주용 알루미늄 합금, 티타늄, 구리, 탄소 섬유 등의 재료라는 것을 명확히 파악했고, 이 재료들의 실제 시장 가격을 조사해본 결과 모든 재료를 합쳐도 기존 로켓 가격의 불과 2% 수준밖에 되지 않는다는 놀라운 사실을 발견했다. 다시 말해, 로켓 제작 비용이 비싼 이유는 재료 자체가 아니라, 로켓 제작 과정이나 기존의 생산 관행에서 비롯된다는 본질적인 사실을 파악한 것이다. 이는 문제의 본질을 기존과는 전혀 다른 관점에서 재정의할 수 있는 결정적 계기가 되었고, 결국 혁신적으로 재사용이 가능한 로켓 개발이라는 새로운 해결책을 이끌어냈다.

이처럼 근본 요소 분석을 통해 문제를 최대한 작은 단위로 분해하여 각 요소의 본질과 실제 속성(재료, 비용, 원리 등)을 구체적으로 드러내면, 이전에는 쉽게 인식하지 못했던 통념과 다른 새로운 통찰력을 얻게 된다. 더 나아가, 이렇게 얻어진 기초 요소와 원리들은 다음 단계에서 문제를 재구성하거나, 기존에 없던 혁신적인 해결책을 만들어내기 위한 확실한 기반으로 작용할 수 있다. 결과적으로 근본 요소 분석은 문제를 겉보기로만 판단하지 않고, 철저히 근본적인 관점에서부터 다시 바라보고,

본질적으로 재구성하여 궁극적으로 제1원칙을 통해 혁신을 이루는 강력한 사고 도구이다.

기본 원리로 다시 조립하기

기본 원리로부터의 재조합Reconstruction from First Principles은 제1원칙 사고법의 최종적이자 가장 창의적인 단계이다. 문제의 근본 요소와 확실한 사실들을 철저하게 분석하여 얻어낸 다음에는, 이를 새로운 관점과 방식으로 재구성하는 과정이 필요하다. 여기서 핵심은 기존 관행이나 일반적으로 통용되는 해결책에 얽매이지 않고, 가장 기초적인 사실과 본질적 원리만을 가지고 전혀 새로운 해결책을 만들어내는 것이다. 이미 존재하는 해결책이나 전통적 방법에서 출발하는 것이 아니라, 근본적 요소만 남겨놓은 백지상태에서 시작하는 사고방식이라고 할 수 있다.

이 단계에서 반드시 갖추어야 할 태도는 "이미 존재하는 해답은 없다"라는 의식이다. 우리가 문제를 해결하기 위해 기존의 성공 사례나 전통적인 접근법을 참조하는 순간, 근본적으로 새로운 창의적 가능성은 제한될 수밖에 없다. 반대로 제1원칙에서의 재조합은 문제를 구성하는 기초 단위와 확실한 사실들 이

외의 모든 제약을 제거하고 자유롭게 아이디어를 결합해 보는 과정이다. "기존의 방식이 틀릴 수 있다면?", "지금까지 불가능하다고 여겨진 제약 조건들이 실제로 사라진다면?", "모든 자원을 완전히 자유롭게 사용할 수 있다면?"과 같은 가정법적 질문hypothetical questioning을 적극적으로 던지며 사고의 한계를 허무는 방식이다.

테슬라와 스페이스X를 창업한 일론 머스크의 유명한 로켓 개발 사례는 이 재구성 단계를 실질적으로 보여주는 대표적인 예이다. 앞에서 머스크는 로켓 제작 비용을 분석하는 과정에서, 완성된 로켓 가격 중 원자재 비용이 차지하는 비율이 극히 낮다는 근본적 사실을 발견했다. 이때 대부분의 사람들은 기존 로켓 개발 산업이 가진 기술적 난제나 전문성을 이유로, 로켓 제작을 직접 하는 것이 불가능하다고 여겼다. 그러나 머스크는 그런 통념을 거부하고 근본적 원리로 돌아가 "만약 우리가 직접 원자재를 구입하여 로켓을 제작하면 어떨까?"라는 가설을 세웠다. 여기서 그는 원자재 구매부터 조립, 생산 과정 전부를 직접 통제하는 방향으로 발상을 전환했고, 이는 당시 우주항공 업계에서는 현실성 없는 극단적인 아이디어로 여겨졌다. 그러나 바로 이러한 '비현실적인' 아이디어가 이전과는 전혀 다른 혁신적해결책을 만들어낸 출발점이 되었다. 스페이스X는 이 새로운 접근 방식을 통해 기존의 로켓 발사 비용을 10분의 1로 크게 절감했고, 나아가 재사용이 가능한 로켓 개발이라는 완전히 새로운 비즈니스 모델까지 확립하였다.

이처럼 기본 원리로부터의 재조합 단계에서는 이전에 존재하던 개념이나 고정관념을 철저히 배제하고, 근본적이고 확실한 사실만을 가지고 문제 해결 방법을 창의적으로 재구성해야 한다. 이 과정은 본질적으로 논리적이면서도 자유로운 아이디어를 탐색하는 작업이므로, 문제를 다시 재구성하는 과정에서 매우 창의적이고 유연한 사고를 필요로 한다. 특히 이 과정에서는 '가설적 사고hypothetical thinking'를 적극적으로 활용하는 것이 중요하다. 가설적 사고란 특정 아이디어나 해결책이 현재로서는 완벽하지 않거나 현실성이 떨어지더라도 일단 가능한 시나리오로 상정하고, 그 아이디어가 실제로 구현된다면 어떤 결과가 나올지 상상하며 논리적으로 검증해보는 것이다. 예를 들어, 비즈니스에서 기존에 유통망이나 생산 방식, 기술적 제약 등을 당연히 받아들이지 않고 "이 제약이 없다고 가정하면 어떻게 될까?"라는 질문을 던져 본다면, 기존의 제약 조건을 제거한 상태에서 근본 요소를 새롭게 연결하고 결합할 수 있는 길이 열린다. 이 과정에서 때로는 너무나 극단적이거나 심지어 불가능해 보이는 아이디어도 가치 있는 출발점이 될 수 있다. 실제로 역사상 혁신을 만든 수많은 발명이나 아이디어가 처음에는 "비현실적"이거나 "터무니없다"는 평가를 받은 경우가 많았으며, 오히려 그런 비현실적 아이디어에서 출발해 점진적인 수정과 현실적 검증을 거쳐 혁신적 성과로 이어지는 경우가 흔하다.

기본 원리로부터의 재조합 단계는 완성된 정답을 즉시 찾아내는 과정이 아니라, 점진적으로 해결책을 구축해가는 탐색적이고 실험적인 과정이라는 점도 기억해야 한다. 이 단계에서는 당연히 작은 실패나 오류가 반복적으로 일어날 수 있다. 그러나 중요한 것은, 제1원칙에서 도출된 근본적인 요소만을 가지고 해결책을 재구성해 나가는 과정을 유지하는 것이다. 문제가 풀리지 않을 때도 다시 기존 방식이나 익숙한 사고로 돌아가지 않고, 제1원칙을 기반으로 생각을 지속적으로 점검하며 해결책의 방향성을 유지하는 것이 필수다.

결국 기본 원리로부터의 재조합이란 앞선 근본 요소 분석을 통해 얻어낸 구성요소와 사실들을 새로운 방식으로, 창의적으로 연결하는 과정이며, 이 과정에서 진정한 혁신적 해결책이 탄생한다. 이를 위해서는 지속적인 아이디어 수정과 실험이 필수적이며, 처음 세워진 가설을 검증하고 발전시키는 반복적이고 단계적인 접근이 필요하다. 근본 요소들을 하나씩 연결하고 배치하면서 가능한 모든 해결책을 자유롭게 탐색하는 이 창의

적 재조합 과정은, 문제 해결의 전 과정 중 가장 도전적이면서
도 가장 큰 혁신적 잠재력을 가지고 있는 핵심 단계이다.

실험하고 검증하며 답을 찾다

기본 원리로부터의 재조합을 통해 문제의 해결 방향을 설정
했다고 하더라도, 그것이 현실 세계에서 유효한지 여부를 확인
하기 위해서는 반드시 철저한 검증 과정이 요구된다. 이 과정
이 바로 제1원칙 사고법의 네 번째 구성 요소인 반복적인 검증
iterative validation과 실험적 사고experimental mindset 단계이다. 기본
원리를 활용한 재조합 단계에서는 기존의 고정관념을 깨고 자
유로운 사고를 통해 창의적이고 혁신적인 가설을 도출하지만,
이 가설이 실제로 현실에서 작동할지 아닌지는 별개의 문제다.
아이디어가 아무리 논리적으로 완벽해 보이고, 제1원칙에 기
초한 합리적인 사고 과정을 거쳤다 하더라도, 현실은 복잡하고
다변적이기 때문에 반드시 실험 검증을 거쳐야만 한다. 따라서
이 단계에서는 가설의 타당성을 입증하기 위한 실험적 접근과
객관적 데이터의 확보가 필수적이다.

반복적인 검증 단계는 과학적 방법론scientific method과 매우 깊
은 관련을 맺고 있다. 과학적 방법론이란 관찰과 가설 설정, 실

험 검증을 반복적으로 수행하면서, 현상에 대한 이해를 점점 더 정밀하게 다듬어 나가는 체계적인 접근법이다. 여기서 중요한 원칙은 과학자들이 어떤 가설이나 주장을 받아들일 때 항상 엄격한 증거와 실험 결과를 요구하며, 객관적인 데이터와 반복적인 실험을 통해서만 진리에 접근한다는 점이다. 제1원칙 사고 역시 동일한 원칙을 따르며, 기본 원리로부터 재조합한 해결책이나 아이디어를 현실에서 구현하기 위해서는 과학적 방법론과 같은 엄밀한 테스트와 검증 과정이 필수다. 즉, 제1원칙 사고는 단지 아이디어의 논리적 타당성만 검토하는 것이 아니라, 실증적으로 현실성을 확인하고 지속적으로 개선해 나가는 것을 중요하게 여긴다.

이러한 반복적 검증 과정에서 가장 흔히 사용되는 방법은 가설-실험-피드백을 통한 순환적iterative 접근이다. 예를 들어, 앞선 재조합 단계에서 만들어진 아이디어를 가설hypothesis의 형태로 설정하고, 이를 실제 상황에 적용 가능한 최소 단위minimum viable product, MVP로 구현하거나, 부분적으로 테스트를 진행한다. 여기서 얻은 결과나 데이터를 통해 가설이 정확히 현실을 반영하는지, 아니면 수정할 필요가 있는지를 판단한다. 결과가 예상과 다르게 나왔을 경우, 이것은 단지 실패를 의미하는 것이 아니라 이전 단계의 분석에서 놓친 중요한 전제가 있거나 잘못된 가정이 포함되었음을 알려주는 중요한 신호다. 이때는 다시 근본 요소 분석이나 기본 원리로부터의 재조합 단계로 돌아가, 오류 혹은 잘못된 가정을 찾아내고 다시 논리적 구조를 세운 뒤, 다시 실험으로 돌아오는 반복적 과정을 수행한다.

이러한 반복적인 검증 과정에서 가장 중요한 태도는 실험적 사고방식experimental thinking이다. 실험적 사고방식이란 하나의 실험에서 실패하거나 기대했던 결과가 나오지 않았다고 해서 문제 해결을 포기하거나 초기의 접근법 자체를 완전히 잘못된 것으로 간주하는 것이 아니라, 오히려 그 실패로부터 중요한 정보를 얻고, 다음 단계의 개선점을 찾는 데 집중하는 접근법이다. 이는 문제 해결이 단번에 이루어지지 않으며, 수많은 시행착오trial and error와 점진적인 수정을 통해 완성된다는 점을 분명히 인식하는 것이다. 특히 혁신적이고 창의적인 접근법일수록 실패의 가능성이 높고, 더 많은 수정과 보완이 필요하므로, 이 반복적 과정을 인내심 있게 수행할 준비가 되어 있어야 한다. 따라서 실험에서 얻은 부정적인 결과는 실패가 아니라, 오히려 다음 단계에서 더 나은 해답으로 나아가기 위한 필수적인 피드백이다.

일론 머스크의 스페이스X 사례는 이 반복적이고 실험적인 사고가 얼마나 혁신의 핵심인지 잘 보여주는 대표적인 예시다.

머스크가 로켓 제작의 원가를 근본 요소 분석을 통해 낮출 수 있다는 아이디어를 얻은 후, 그는 즉시 이를 현실에서 실험하기 시작했다. 이때 그가 택한 방식은 한 번에 완벽한 로켓을 만들려고 하지 않고, 우선 로켓을 구성하는 부품과 원자재를 최소한으로 확보한 뒤 간단한 형태로 실험해 보는 것이었다. 초기 실험에서는 수차례의 로켓 발사 실패를 경험했고, 이 과정에서 그는 부품 설계, 생산 공정, 재료 배합 등 수많은 변수를 다시 점검하고 개선해야 했다. 그러나 그는 실패할 때마다 실험 결과를 데이터로 축적하고 분석하여 문제점을 명확히 파악하고, 기존 가정을 지속적으로 수정하면서 해결책의 방향성을 다듬어 나갔다.

마침내 반복적인 검증과 지속적인 피드백 과정을 통해 머스크는 로켓의 재사용을 가능하게 하는 혁신적인 기술을 완성했고, 기존보다 발사 비용을 10분의 1 이하로 낮추는 획기적인 결과를 달성했다. 이 과정에서 얻은 객관적인 데이터와 구체적 사실들이 결국 그의 사업을 성공으로 이끌었던 것이다.

마지막으로, 데이터 기반 의사결정data-driven decision making은 제1원칙 사고의 반복적 검증 단계에서 매우 중요한 요소다. 아무리 혁신적인 아이디어라 하더라도 직관이나 개인적 믿음에만 의존하면 현실과의 괴리가 발생할 수 있다. 따라서 객관적이고 측정 가능한 데이터를 지속적으로 수집하고 분석하여 아이디어의 현실성을 확인하는 것이 필수다. 데이터는 냉정한 피드백을 제공하며, 가설의 결함을 신속히 찾아내고 수정의 방향을 명확히 제시해 준다. 이렇게 과학적 방법론을 활용해 근본 원리에 따라 얻어진 아이디어를 끊임없이 현실에 맞게 검증하고 조정해 나갈 때, 제1원칙 사고는 단순한 창의적 발상을 넘어 현실에서 유효하고 혁신적인 해결책으로 완성될 수 있다. 결과적으로, 반복적 검증과 실험적 사고는 제1원칙 사고의 가장 필수적인 마무리 단계이며, 이것을 통해 창의적 아이디어가 진정한 현실적 혁신으로 연결되는 길이 열린다.

논리적 사고와 수학적 사고를 활용하는 법

제1원칙 사고는 본질적으로 논리학과 수학에서 오랜 역사를 가진 연역적 추론 방식과 깊은 연관이 있다. 논리학과 수학은 가장 근본적이고 자명한 사실이나 공리로부터 출발하여 단계적인 논리 전개를 통해 복잡한 이론적 결과나 결론을 끌어낸다. 여기서 출발점으로 설정되는 기본 전제가 곧 해당 체계의 '제1원칙'에 해당하는 개념이다. 예컨대 수학에서 공리axiom는 스스로 증명되지 않으면서도 그 체계 내에서는 무조건 참으로 받아들여지는 기초 명제다. 대표적인 예로는 고대 유클리드 기하학에서 설정된 다섯 개의 공리가 있다. 이들 공리는 추가적인 증명을 필요로 하지 않으면서도 모든 기하학적 정리의 출발점으로 작동하며, 수많은 복잡한 정리들이 이 소수의 공리들로부터 연역적으로 도출된다. 이는 기초적이고 가장 확실한 출발점을 정하고 이를 바탕으로 엄밀하게 결론을 전개하는 제1원칙 사고의 핵심 원리를 잘 보여준다.

하지만 제1원칙 사고와 단순한 연역적 추론 사이에는 분명한 차이도 존재한다. 연역적 추론은 이미 확립된 전제를 기정사실로 받아들인 상태에서 그 전제를 따라 논리적 결론을 도출하는 데 주력하는 반면, 제1원칙 사고는 출발점인 전제 그 자체를 비판적으로 검토하고 재구성하는 과정을 포함한다. 즉, 제1원칙 사고는 주어진 전제에서 출발하지 않고, 현재 주어진 문제의 맥락에 맞게 무엇이 진정한 근본 전제인지 새롭게 탐구하고 설정하는 단계가 필수적으로 앞서야 한다. 수학자가 새로운 수학 체계를 만들 때 처음부터 공리를 설계하듯, 문제를 풀고자 하는 사람은 기존의 암묵적인 가정들을 버리고 철저하게 근본적인 사실만을 엄선하여 새로운 '공리적 전제'를 구축해야 한다. 이 전제들은 이전 단계인 문제 정의 및 근본 요소 분석 단계를 통해 깊이 있게 탐색하고 검증된 것들로, 충분히 신뢰할 만한 진리로 수립된 것이다. 그리고 이로부터 출발한 논리적 추론은 언제나 처음 설정한 전제들과 일관성을 유지해야 하며, 최종적으로 나온 결론이 원래의 근본 가정들을 위반하거나 모순되지 않는지 끊임없이 점검하는 절차가 필요하다. 바로 이 엄격한 논리적 일관성 검증 과정이 존재하기 때문에 제1원칙 사고에 의한 해결책은 근본적인 신뢰성과 이론적인 안정성을 확보할 수 있다.

이러한 제1원칙 사고를 귀납적 사고와 비교하면 그 특징이 더욱 명확해진다. 귀납적 사고는 개별적인 경험 사례와 관찰된 현상에서 공통점을 찾아 일반적인 규칙을 도출하는 사고방식이다. 하지만 이러한 귀납적 사고는 필연적으로 과거의 사례나 관찰에 크게 의존하며, 결과적으로 기존의 사고방식을 넘어선 혁신적인 사고나 독창적인 아이디어 창출에는 한계가 있다. 반면 제1원칙 사고는 가능한 한 기존의 사례나 관습적인 패턴들을 과감히 배제하고, 오직 현재 시점에서 확실하게 증명 가능한 사실만을 기반으로 삼아 새로운 원칙을 설정하고 사고를 전개한다는 점에서 근본적인 차별성을 갖는다. 물론 현실적인 문제 해결 과정에서 귀납적 접근과 제1원칙 접근은 서로 배타적인 것이 아니라 상호 보완적이다. 예를 들어, 새로운 분야를 처음 접할 때는 귀납적 방식을 통해 기초적인 이해를 얻고 기존 사례를 탐구하지만, 근본적인 혁신을 이루거나 깊이 있는 창의성을 발휘하기 위해서는 기존 사례들을 일시적으로 잊고 제1원칙에서 다시 시작하는 사고의 전환이 필요하다. 이는 사고의 출발점을 근본적으로 재정립하여 더 높은 수준의 이해와 창의적 발상을 가능하게 하는 과정이다.

한편, 제1원칙 사고의 특징적인 요소는 컴퓨터 과학과 알고리즘 설계에서도 분명하게 발견된다. 프로그래머가 복잡한 문제를 해결할 때 자주 활용하는 전략이 바로 문제를 근본적인 구성 요소로 분해하여 각각의 단위를 명확히 이해하고, 그런 다음 이 단순한 단위들을 논리적으로 다시 조합하여 전체 문제를 해결하는 것이다. 이 과정은 '분해와 재조합'이라는 제1원칙 사고의 핵심 단계와 정확히 일치한다. 구체적으로 컴퓨터 과학에서 사용되는 '분할 정복Divide and Conquer' 전략은 하나의 복잡한 문제를 작은 하위 문제로 나누고, 각 하위 문제를 별도의 독립적인 문제로 처리하여 전체 해결책을 얻는 방식인데, 이는 제1원칙 사고의 근본 요소 분석에 해당한다. 또한 논리 회로 설계에서 복잡한 회로를 가장 기본적인 논리 게이트 단위로 쪼개어 설계하거나, 소프트웨어 공학에서 전체 시스템을 여러 작은 모듈과 함수로 나누어 각각의 명확한 책임을 부여하여 설계하는 과정 역시 제1원칙 사고와 맥락을 같이 한다. 이 모든 방식들은 복잡성을 최소화하기 위해 문제를 가장 근본적인 단위로 환원하고, 이를 논리적으로 재구성함으로써 해결책을 도출한다는 점에서 제1원칙 사고의 실제적인 응용 사례라고 볼 수 있다.

요컨대, 제1원칙 사고는 논리학적이고 수학적인 사고방식에서 연원을 찾을 수 있으며, 철저히 근본적인 사실로부터 논리적 일관성을 유지하며 연역적 결론을 도출하는 방식이다. 또한 컴퓨터 과학과 알고리즘 설계에서 활용되는 다양한 문제 해결 기법은 제1원칙 사고가 실제로 구현되는 대표적인 사례다. 결국, 제1원칙 사고의 핵심은 기존의 지식이나 습관적인 사고방식을 잠시 유보하고, 가장 본질적이고 자명한 사실로 되돌아가 사고의 기반을 재정립한 뒤, 이를 통해 문제를 깊이 이해하고 창의적이면서도 견고한 해결책을 얻는 것이다. 이러한 접근법을 익히고 숙련하게 되면, 다양한 영역에서 기존의 한계를 넘어서는 혁신적인 해결 능력을 갖추게 될 것이다.

비즈니스에서
제1원칙 사고를 적용하는 방법

FIRST
PRINCIPLES
THINKING

이 장에서는 비즈니스에서 제1원칙 사고를 적용한 다양한 사례를 분석한다. 또한 스타트업 창업자, 기업 경영자, 직장인들이 이러한 사고법을 실제 업무에 활용할 수 있는 실질적인 방법들을 제시한다.

스타트업 창업자들의 실전 적용법

스타트업 창업자는 언제나 부족한 자원과 불확실한 시장 환경에서 새로운 도전을 지속적으로 펼쳐야 한다. 이처럼 한정된 자원을 효율적으로 활용하고, 경쟁자보다 빠르게 혁신적인 결과물을 만들어내야 하는 스타트업들에게 '제1원칙 사고'는 강력한 무기가 될 수 있다. 제1원칙 사고는 기존 시장과 업계 내에서 오랫동안 통용되어 온 암묵적인 전제나 통념을 처음부터 철저히 의심하고, 문제를 본질적인 원점에서부터 다시 정의하는 것이다. 이를 통해 다른 이들이 미처 발견하지 못한 문제의 본질을 찾아내고, 혁신을 위한 새로운 기회를 창출할 수 있다.

드롭박스가 처음부터 완벽한 제품을 만들어 성공한 것으로 생각하기 쉽지만, 실제로는 전혀 그렇지 않았다. 드롭박스를 창업한 드류 휴스턴이 문제를 인지한 것은, 어느 날 자신이 중요한 파일이 담긴 USB 메모리를 집에 두고 온 것을 발견했을 때였다. 그는 이 불편한 경험을 통해 많은 사람이 파일을 장소를 옮길 때마다 장치에 쉽게 접근하거나 공유하지 못하고 있다는 근본적인 문제를 깨달았다. 당시에도 이미 파일 공유나 동기화를 위한 서비스들이 몇 가지 존재하긴 했지만, 이들 대부분은 기술적 지식이 부족한 일반 사용자가 쓰기에는 복잡하고 불편했다. FTP 서버를 설치하거나, 어려운 동기화 설정을 매번 해야 했기 때문이다.

휴스턴은 직관적으로 자신이 떠올린 제품 아이디어가 많은 사람에게 꼭 필요할 것이라고 믿었지만, 그 믿음을 확인하기 위해 무작정 개발에 나서진 않았다. 그는 당시 사용자의 불편을 해소하는 데 핵심이 되는 아이디어를 최소한의 방식으로 전달할 방법을 찾았다. 결국 그가 선택한 방법은 아주 단순했다. 아직 실제 제품이 만들어지지도 않았지만, 사용자가 드롭박스를 이용하면 어떤 경험을 하게 되는지를 쉽게 이해할 수 있는 데모 영상을 만드는 것이었다.

이 영상은 실제 드롭박스가 작동하는 모습을 촬영한 것이 아니라, 사용자의 화면 위에서 파일 하나를 드롭박스 폴더에 끌어놓으면 자동으로 다른 컴퓨터에서도 동기화되는 장면을 보여주는 간단한 시뮬레이션에 불과했다. 하지만 이 짧고 단순한 영상은 당시 사용자들이 느끼고 있던 문제를 매우 명확하게 보여주었고, 사람들은 자신들의 현실적인 문제를 해결하는 모습에 즉각적으로 반응했다. 휴스턴은 이 영상을 해커뉴스Hacker News라는 온라인 커뮤니티에 업로드했고, 자신도 예상하지 못했던 엄청난 결과를 맞이했다. 영상을 올리기 전, 드롭박스의 베타 테스트에 관심을 보인 사람은 5,000명 정도였지만, 영상이 공개된 직후 단 하루 만에 그 숫자는 75,000명까지 급격하게 늘어났다.

이 폭발적인 반응을 통해 휴스턴은 자신이 구상한 서비스가 시장에서 충분한 수요와 잠재력을 지니고 있음을 확신하게 되었고, 이후 정식 제품 개발에 대한 명확한 근거를 확보할 수 있었다. 만약 그가 처음부터 모든 기능을 완벽하게 갖춘 정교한 제품을 만드는 데 집중했다면, 많은 시간과 비용을 낭비했을 것이며, 사용자의 진짜 니즈를 제대로 파악하지 못한 채 시장에서 외면받았을지도 모른다. 그러나 휴스턴은 사용자의 근본적인 문제를 명확하게 이해했고, 이를 최소한의 방식으로 빠르게 검증하는 방식을 택했다. 이로써 드롭박스는 스타트업이 가진 제한된 자원을 가장 효율적으로 활용하면서도 시장에서 원하는 핵심 가치를 성공적으로 찾아냈다. 드롭박스가 MVP^{Minimum Viable Product}(최소 기능 제품)의 대표 사례로 꼽히는 이유는 바로 이러한 과정 때문이다. 결국 드롭박스의 초기 전략은 제1원칙 사고를 실천적으로 적용하여 혁신을 만드는 가장 구체적이고 현실적인 지침을 제시한 것이다.

에어비앤비가 등장하기 전까지 사람들은 여행을 떠날 때 숙박할 장소로 호텔이나 여관과 같은 전통적인 숙박 시설만을 떠올렸다. 당시 사람들의 머릿속에는 "전혀 알지 못하는 낯선 사람의 집에 머무는 것은 위험하다"라는 생각이 너무나도 당연하게 자리 잡고 있었기 때문이다. 그래서 에어비앤비의 창업자 브라이언 체스키와 그의 동료 조 게비아, 네이선 블레차칙이 처음 숙박 공유 서비스를 시작하려 했을 때, 주변 사람들의 반응은 매우 회의적이었다. 대부분의 사람은 이 아이디어가 보안 문제나 신뢰성 문제 등으로 절대 성공하지 못할 것이라 단언했다.

그러나 브라이언 체스키와 공동 창업자들은 이 문제를 겉으로 드러난 방식 그대로 받아들이지 않고, 좀 더 깊이 있는 사고를 통해 본질을 다시 정의하고자 했다. 그들이 고민 끝에 도달한 결론은, 자신들이 해결해야 할 문제는 단지 여행자들이 머무를 집이 부족한 것이 아니라, 낯선 사람끼리 서로 믿을 수 없다는 근본적인 신뢰의 문제라는 점이었다. 이 본질을 제대로 짚어낸 것이 에어비앤비의 가장 중요한 출발점이었다.

창업자들은 이후 서비스의 설계 과정에서 어떻게 하면 이 근본적인 신뢰 문제를 해소할 수 있을지를 집중적으로 고민했다. 단순히 숙소를 제공하는 사이트를 만드는 것만으로는 충분하지 않았다. 그들은 사용자들이 서비스에 가입하는 순간부터 '신뢰'가 자연스럽게 만들어지는 시스템을 설계해야 한다고 생각했다. 이를 위해 에어비앤비는 페이스북의 실명 인증 방식을 적극 활용하여 사용자들이 자신의 신원을 투명하게 공개하도록 했다. 사용자가 실제 존재하는 인물이라는 것을 간편하면서도 확실하게 증명하게 함으로써 신뢰의 첫 번째 단계가 만들어진 것이다.

여기서 그치지 않고, 에어비앤비는 또 다른 신뢰 구축의 핵심 장치로 페이팔PayPal의 안전한 결제 시스템을 도입했다. 여행객은 숙소를 예약하고 결제할 때 자신의 신용카드 정보를 직접 집주인에게 넘기지 않고, 안전한 플랫폼을 통해 결제하도록 하여 금전적인 불안을 없앴다. 또한 옐프Yelp와 같은 소비자 리뷰 시스템의 아이디어를 참고하여, 사용자들이 숙박 후 솔직하고 상세한 리뷰와 별점을 남기도록 했다. 사용자들이 자신들의 경험을 솔직하게 공유하면서, 집주인과 여행객 모두 서로의 평판을 명확하게 알 수 있게 되어 자연스럽게 신뢰를 형성했다. 숙소 제공자 역시 리뷰와 별점이라는 명확한 평가를 받기 때문에 자연스럽게 서비스를 개선하는 동기까지 가지게 되었다.

창업자들은 여기에 더해 만약의 사고나 예측할 수 없는 문제가 발생할 상황까지 미리 고민하여 손해에 대비하는 보험 제도를 마련했다. 사용자 입장에서 낯선 사람의 집에 머물거나 낯선 사람을 자신의 집에 들일 때 느끼는 심리적 불안을 제거하기 위해 회사가 직접 보장하는 보험을 제공하기 시작했다. 이처럼 여러 단계에서 사용자의 불안을 줄이고 신뢰를 구축하는 구조를 치밀하게 서비스로 구현했다.

처음에는 많은 사람이 회의적으로 바라봤던 이 서비스는 바로 이 같은 치밀한 신뢰 구축 시스템 덕분에 결국 사람들의 인식을 완전히 바꾸는 데 성공했다. 사용자들은 신뢰할 수 있는 시스템 안에서 경험을 공유하며 '낯선 사람과의 숙박'이 더 이상 위험하거나 이상한 것이 아니라 새로운 여행 방식으로 인식하기 시작했다. 그 결과 에어비앤비는 단순히 숙박 시설이 아닌, 전 세계 사람들이 서로의 삶과 문화를 교류하는 플랫폼으로 성장했다.

결국 창업자들이 문제의 본질을 정확하게 짚고 근본적인 해법을 서비스에 정교하게 녹여낸 덕분에, 에어비앤비는 전통적인 숙박 산업의 판도를 완전히 뒤집으며 글로벌 기업으로 성장하게 되었다. 이는 곧 스타트업들이 제1원칙 사고를 통해 복잡한 문제의 본질을 정확하게 정의하고, 이를 해결하기 위해서 어떻게 접근해야 하는지 구체적이고 현실적인 사례로 남게 되었다.

우버Uber가 처음 차량 공유 서비스를 선보였을 때, 사람들의 인식 속에는 개인이 소유한 자동차는 당연히 소유자 본인만이 사용하는 전유물이라는 생각이 매우 견고하게 자리 잡고 있었다. 당시에는 택시나 대중교통을 제외하면 모르는 사람과 차량을 공유하거나 타인의 차를 호출하여 사용하는 일은 상상하기 어려웠다. 우버의 창업자 트래비스 칼라닉과 개럿 캠프는 여기서 기존 운송 산업의 한계이자 본질적인 문제를 명확히 짚었다. 그들은 도시에 수많은 개인 차량이 있지만, 실제로 사용하는 시간은 하루 중 매우 짧다는 점에 주목했다. 수많은 차들이 대부분의 시간을 주차된 상태로 방치되고 있으며, 이는 사회적 자원의 낭비였다.

우버는 이 문제의 본질이 차량 부족이 아니라 '차량의 사용 방식'에 있음을 정확히 이해하고, 차량을 가진 사람과 차량이 필요한 사람을 서로 연결해주는 플랫폼을 만들어, 사용되지 않는 차량을 경제적으로 활용하는 아이디어를 제시했다. 그들은 사람들의 차량을 활용하여 수익을 낼 수 있는 새로운 비즈니스 모델을 구축했고, 여기에 스마트폰을 통한 편리한 호출 서비스와 결제 시스템을 더해 사용자 경험까지 획기적으로 개선했다. 결과적으로 우버의 서비스는 차량 소유자들에게는 추가 수익 창출 기회를, 이용자들에게는 편리하고 효율적인 이동 수단을 제공하며, 자동차라는 자산의 활용도를 극대화하는 새로운 형태의 '공유경제'라는 가치를 만들어냈다. 이로써 우버는 운송 산업의 기존 패러다임을 완전히 뒤바꾸고 전 세계 교통 체계를 근본적으로 재편하는 계기를 마련했다.

또 다른 혁신의 대표적인 사례인 자포스Zappos는 온라인 쇼핑이 처음 활성화되었을 때 소비자들이 흔히 경험했던 불만을 정면으로 겨냥했다. 당시 대부분의 온라인 쇼핑몰은 비용 효율성을 극대화하는 데 집중하다 보니, 고객과의 소통을 최소화했고 반품이나 환불 처리 과정은 매우 복잡했다. 소비자들은 물건을 구매한 후 마음에 들지 않으면 반품 혹은 환불하는데 번거로운 절차 때문에 불만이 커졌다. 그러나 기업들은 비용 절감이라는 이유로 이를 개선하려고 하지 않았다.

마치 에어비앤비 창업자가 고객 경험을 중요하게 생각했던 것처럼, 자포스의 CEO 토니 셰이 역시 고객 서비스 중심 전략을 통해 온라인 신발 쇼핑몰 시장에 큰 반향을 일으키며 성공을 거두었다. 우버와 함께 성장한 그는 제품 자체의 품질 못지않게 '고객 경험'이 중요하다는 점을 일찍이 파악했다. 셰이는 '고객 행복'을 회사의 최우선 가치로 내걸고, 반품과 환불 정책을 고객이 만족할 때까지 무조건 허용하는 파격적 서비스를 제공했다. 고객이 만족할 때까지 수십 켤레의 신발을 주문한 후 원치 않는 신발들을 모두 무료로 반환해도 자포스는 이를 흔쾌히 받아들였다. 이는 단순히 제품을 판매하는 것이 아니라, 고객의 경험을 가장 중요하게 생각하는 전략이었다. 결과적으로 자포스는 기존 온라인 쇼핑의 한계를 극복하고 고객들의 강력한 지지와 충성도를 확보하며 빠르게 성장했다.

한편, 스트라이프Stripe는 전통적인 결제 시스템의 근본적인 문제점을 정확하게 이해하고 이를 혁신적으로 개선한 사례다. 기존의 결제 시스템은 매우 복잡하고, 심지어 전문 개발자들조차도 수많은 절차와 기술적인 장벽 때문에 어려움을 겪었다. 스트라이프의 창업자인 패트릭 콜리슨과 존 콜리슨 형제는 이 문제의 본질이 복잡한 결제 과정 자체에 있다고 판단하고, 철저히 사용자 중심적인 접근법으로 다가갔다. 그들은 개발자가 복잡한 절차 없이 아주 간단한 몇 줄의 코드만으로 결제 시스템을 구현할 수 있도록 제품을 설계했다. 사용자 친화적인 인터페이스와 간단한 API를 통해 개발자는 물론 일반 기업들조차 빠르게 온라인 결제 시스템을 구축할 수 있게 했다.

스트라이프는 이렇게 사용자의 본질적 문제를 해결하면서 결제 시스템이라는 복잡하고 진입장벽이 높은 분야에서 단숨에 두각을 나타냈다. 복잡했던 결제 시스템을 단순하고 직관적인 구조로 바꾸었기 때문에 많은 기업이 빠르게 스트라이프의 고객이 되었다. 그 결과 스트라이프는 빠르게 핀테크 시장에서 두각을 나타냈고, 온라인 결제 시장을 재편할 정도의 영향력을 가진 글로벌 핀테크 기업으로 성장하게 되었다.

이러한 사례들은 기존의 고정된 통념과 시장에서 당연하게 여겨지던 상식을 거부하고, 문제의 본질을 정확하게 파악하여 단순하면서도 근본적인 접근 방식을 택했을 때, 혁신이 가능함을 잘 보여준다. 우버는 차량이라는 개인 자산을 공유하는 방식으로, 자포스는 고객 서비스의 개념을 완전히 재정의하는 방식으로, 그리고 스트라이프는 사용자 중심의 편의성과 기술적 단순화를 통해, 모두 전통적인 산업 구조의 틀을 깨뜨리고 각 분야에서 커다란 혁신을 이루어낸 것이다.

이처럼 제1원칙 사고는 스타트업 창업자가 경쟁자보다 빠르게 시장을 혁신하고, 자원을 효율적으로 활용하여 현실적인 성과를 창출하는 데 가장 효과적인 접근 방법이다. 업계에 만연한 전통적 방식이나 암묵적 편견을 과감히 깨뜨리고 문제를 본질적 관점에서 재정의하는 과정을 반복할수록, 혁신의 본질적 기회를 발견하고 이를 실현할 가능성이 커진다. 스타트업 창업자들은 기존의 규칙과 고정관념을 무조건 받아들이지 말고, 언제나 "이 문제의 본질은 무엇인가?"라는 근본적 질문에서 출발하는 습관을 가져야 한다. 그래야만 변화의 흐름을 읽고, 시장의 한계를 뛰어넘는 진정한 혁신을 만들어낼 수 있다.

비용을 줄이고 혁신을 빠르게 하는 전략

기업 경영에서 비용 절감과 혁신은 표면적으로 서로 반대되는 가치처럼 인식될 때가 많다. 일반적인 사고방식에서는 혁신을 위해서는 상당한 초기 투자와 비용 부담이 불가피하다고 믿으며, 비용을 줄이면 자연스럽게 혁신이 위축될 수밖에 없다는 고정관념이 존재한다. 그러나 제1원칙 사고는 이런 통념을 근본부터 재검토하고, 불필요하거나 비효율적인 비용 구조를 원점에서 다시 분석하여 비용 절감과 혁신을 동시에 성취할 가능성을 제시한다. 이는 비용 절감을 단순히 지출이나 규모를 축소하는 차원이 아니라, 구조적·본질적으로 접근하여 기존의 고정관념이나 통상적인 관습에서 벗어나 혁신을 이루는 전략적 수단으로 삼는 것이다.

1970년대 초반까지 자동차 산업에서는 자동차 제조 공장 근처에 거대한 창고가 늘어서 있는 것이 일반적인 풍경이었다. 자동차 제조업체들 대부분 대량 생산이 지배하는 시대적 흐름에 따라, 부품을 미리 다량 구매하여 창고에 보관하는 방식을 당연시했다. 당시에는 공장의 생산 라인을 최대한 빠르고 원활하게 유지하기 위해서는 부품이 언제나 충분히 준비되어 있어야 한다고 믿었기 때문이다. 하지만 언젠가부터 이런 방식의 부작용이 하나둘씩 드러나기 시작했다. 대형 창고를 유지하는 데 드는 막대한 비용, 미처 쓰이지 못하고 창고에 쌓인 부품으로 인해 발생하는 자금 낭비, 그리고 재고 관리에만 투입되는 수많은 인력이 모두 회사의 이익을 갉아먹고 있었다.

1960~1970년대에 이르러 일본의 자동차 산업은 미국이나 유럽의 자동차 회사들과 경쟁하기 위해 생산 방식을 근본적으

로 혁신해야 하는 상황에 직면했다. 토요타의 엔지니어이자 생산 혁신을 주도했던 오노 타이치는 이 문제를 다른 시각에서 바라보기 시작했다. 그는 기존 방식의 문제점들이 단순히 관리의 부족이나 규모의 문제에 있는 것이 아니라, 부품 공급과 재고 관리라는 근본적인 구조 자체에 있음을 깨달았다. 다른 제조사들이 당연하게 여겼던 '대규모 창고를 통한 부품 관리' 방식을 그는 근본부터 의심했다. 오히려 창고 자체가 없어진다면, 부품을 대량 보관하는 것이 아니라 필요할 때만 정확히 공급받는다면 어떨까 하는 근본적인 질문을 던졌다.

토요타의 경영진은 처음에는 이 아이디어에 매우 회의적이었다. 공장에서 한 가지 부품이라도 제때 공급되지 못하면 생산 라인 전체가 멈추는 막대한 손해를 입을 수 있었기 때문이다. 하지만 오노 타이치를 비롯한 당시 토요타의 생산 혁신 책임자들은 이 아이디어의 가능성에 주목하고, 실험적이고 점진적인 접근을 택하기로 했다. 그들은 부품 공급업체들과 긴밀하게 소통하며 협력 체계를 구축했고, 부품이 필요한 순간에 맞춰 아주 소량씩 수시로 공급받을 수 있도록 철저히 계획을 세웠다.

토요타의 첫 시도는 긴장과 우려 속에서 시작되었지만, 결과는 기대 이상이었다. 필요한 부품이 필요한 시간에 맞추어 정확히 공장에 도착하면서 더 이상 부품을 장기간 창고에 보관할 필요가 없어졌다. 생산라인의 효율성은 더 높아졌고, 재고 관리 비용은 극적으로 줄었다. 그뿐만 아니라, 부품을 장기 보관하지 않다 보니 부품의 품질 이상이나 결함을 초기에 빠르게 발견하고 대응할 수 있었다. 이전까지는 창고에 쌓인 수많은 부품 중에서 결함을 발견하는 데 많은 시간이 걸렸다. 그러나 적시 생산 시스템JIT 아래에서는 부품의 품질 관리와 문제점 발견이 매우 신속해졌다.

무엇보다도, JIT 시스템은 부품 공급업체와 자동차 제조업체 사이의 관계를 완전히 새롭게 바꾸었다. 부품 업체들은 토요타의 생산 계획과 품질 기준에 맞추기 위해 자발적으로 생산 품질과 정확성을 높였고, 이 과정에서 업계 전체가 함께 성장하는 효과까지 가져왔다. JIT는 단순히 창고 비용을 줄인 것에 그치지 않고, 토요타를 중심으로 자동차 산업의 전반적인 생산 방식과 부품 공급 생태계까지 근본적으로 혁신하게 만들었다.

이렇게 하여 도입된 JIT 시스템은 이후 전 세계 제조업체들의 교과서적 혁신 사례로 자리 잡게 되었고, 토요타는 이 새로운 방식 덕분에 세계 자동차 산업에서 가장 효율적이고 생산성 높은 기업으로 발돋움했다. '제1원칙 사고'가 어떻게 산업의 전통 방식을 뒤집고 새로운 혁신을 이끌 수 있는지를 보여준, 대표적인 사례로 기록된 것이다.

이케아가 가구 산업의 고정관념을 깨뜨리기 전까지는 가구 회사들 대부분 제품을 공장에서 완성한 상태로 고객의 집 앞까지 배달하는 방식을 당연하게 여겼다. 당시 가구는 그 특성상 부피가 크고 무거워서 배송 과정에서 높은 운송비가 발생했으며, 이 비용은 고스란히 제품 가격에 반영되어 소비자의 부담으로 돌아갔다. 또한 완제품 상태로 가구를 배송하다 보면, 운송 과정에서 흠집이나 파손이 발생할 가능성도 높아졌다. 소비자는 종종 긴 배송 기간을 기다리고도 손상된 제품을 받고 실망하거나, 업체와 교환·반품 과정을 거치느라 추가로 불편을 겪어야 했다.

이러한 문제를 안고 있던 가구 시장에 이케아의 창업자인 잉바르 캄프라드는 완전히 다른 시각에서 접근했다. 그는 당시 가구 산업의 비효율성과 높은 비용 구조를 보면서, 이 문제가 과연 피할 수 없는 숙명인가를 근본적으로 의심했다. 그러던 어느날, 이케아의 한 직원이 새롭게 디자인된 탁자를 운송하기 위해 차에 실으려다 공간이 부족해 다리를 분리한 후 차곡차곡 겹쳐 넣어 공간을 효율적으로 활용하는 장면을 우연히 목격했다. 이 순간, 이케아 경영진의 머릿속에서 번뜩이는 아이디어가 탄생했다. 만약 가구를 처음부터 완성품으로 보내지 않고, 부품 상태로 분해하여 평평한 상자에 담아 배송한다면 어떨까? 이렇게 되면 운송 과정에서 부피를 크게 줄일 수 있으니 더 많은 제품을 한 번에 실을 수 있고, 운송 비용도 획기적으로 절감할 수 있을 것이다. 그러나 이런 방식이 과연 소비자들에게도 받아들여질지는 미지수였다. 고객들은 가구를 직접 조립해야 한다는 번거로움을 기꺼이 감수할지 알 수 없었기 때문이다.

이 아이디어를 처음 제안했을 때, 이케아 내부에서도 많은 우려와 반대의 목소리가 나왔다. 직원들은 "소비자가 가구를 스스로 조립해야 한다는 아이디어가 시장에서 받아들여질 리 없다"고 주장했다. 당시 사람들의 일반적인 생각 역시, 가구는 당연히 완성된 형태로 제공되어야 한다는 것이었다. 하지만 이케아의 창립자인 잉바르 캄프라드는 이러한 고정관념을 무조건 수용하지 않고, 철저히 제1원칙 사고에 입각해 문제를 바라보았다. 그가 던진 질문은 단순하면서도 근본적이었다. "사람들이 가구를 조립하기 힘들다고 생각하는 이유는 조립 자체가 어렵기 때문인가, 아니면 기존 업체들이 소비자가 쉽게 조립할 수 있는 구조를 제대로 만들지 않았기 때문인가?"

이 질문에서 출발하여, 이케아는 사용자가 누구나 쉽게 이해할 수 있는 명확한 조립 설명서와 간단한 조립 도구를 함께 제공하는 방식을 개발했다. 소비자가 한 번도 가구를 조립해보지 않았더라도 어렵지 않게 따라 할 수 있도록 간단한 그림과 번호로 된 설명서를 만들어 넣었다. 그리고 또 하나의 전략적 판단으로, 제품을 매장에 미리 완성된 상태로 전시하여 고객들이 미리 완제품을 실제로 보고 만져보게 함으로써, 조립 후의 결과물을 구체적으로 상상하고 확신할 수 있게 만들었다. 매장에서 가구를 선택한 소비자는 이후 창고에서 가벼운 평평한 상자에 담긴 부품들을 픽업해 집에서 스스로 조립을 완성하게 했다. 이를 통해 소비자들은 스스로 조립하는 과정을 귀찮다거나 어려운 일이라기보다 오히려 즐거운 경험이나 뿌듯함으로 받아들이게 되었다.

제1원칙 사고법을 통한 이케아의 발상

이케아의 이 혁신적 발상은 예상을 뛰어넘는 엄청난 효과를 가져왔다. 운송 비용이 크게 줄어들면서 가격 경쟁력이 높아졌고, 소비자들은 낮아진 가격으로 좋은 품질의 가구를 살 수 있게 되어 매출은 폭발적으로 증가했다. 동시에 평평한 포장은 물류 효율성을 높이고 운송 중 파손율을 낮추었으며, 제품 손상이 발생하더라도 부품 교체가 쉽다는 부수적인 이점까지 얻게 되었다. 그뿐 아니라 고객들은 직접 제품을 조립하며 자신이 제품의 완성에 참여했다는 심리적 만족감까지 얻게 되었다. 결국, 이케아는 단순한 비용 절감을 넘어, 소비자와 제품 간의 관계를 완전히 새롭게 정의한 셈이었다.

결과적으로, 이케아의 '평평한 포장'과 '셀프 조립' 개념은 전통적 가구 시장에서 하나의 혁명으로 자리 잡았다. 이는 단순히 비용 효율만을 추구한 전략이 아니라, 소비자가 겪는 근본적 불편을 해결하고, 더 나아가 고객이 직접 참여하며 가치를 창출하게 만든 완전히 새로운 비즈니스 모델이었다. 이케아가 글로벌 가구 산업에서 독보적인 브랜드로 성장한 것은 바로 이같은 제1원칙 사고에 기반한 문제의 본질을 정확히 파악하고 고객에게 실제 가치를 제공한 덕분이었다.

알리바바가 처음 전자상거래 시장에 뛰어들었을 당시만 하더라도 회사는 빠르게 성장하고 있었지만, 한편으로는 급격한 성장을 뒷받침할 수 있는 기술 인프라가 턱없이 부족한 상황이었다. 당시 알리바바의 창업자인 마윈马云과 그의 경영진들은 거대한 온라인 플랫폼을 운영하기 위해서는 막대한 서버 인프라가 필수적이라는 사실을 잘 알고 있었다. 문제는 서버와 같은 인프라를 처음부터 직접 구축하려면 엄청난 자본이 필요했고, 초기 단계 스타트업이 감당하기에는 위험성이 매우 높았다. 이미 당시 시장에는 아마존과 같은 거대 글로벌 기업들이 클라우드 인프라를 구축하고 있었지만, 중국 내에서는 여전히 전통적인 방식을 고수하며 기업이 서버를 직접 소유하고 데이터센터를 운영하는 방식이 일반적이었다.

이 상황에서 알리바바의 창업자 마윈과 그의 기술 책임자들은 기존 방식을 그대로 따라가는 대신, 아주 근본적인 질문을 던졌다. '우리가 정말로 서버나 데이터 센터를 직접 소유해야만 하는가?', '직접 하드웨어를 구축하는 것이 아니라 필요한 만큼만 다른 기업의 클라우드 서버를 빌려 쓰면 비용을 크게 절감할 수 있지 않을까?'라는 본질적인 질문이었다. 이것은 당시의 일반적인 인식과는 거리가 먼 혁신적인 발상이었으며, 내부적으로도 논란과 의구심이 많았다. 특히 당시 중국 시장에서는 외부 클라우드를 사용하면 데이터 보안이나 서비스 안정성에 문제가 생길지 모른다는 우려가 팽배했다.

하지만 알리바바는 이 근본적인 질문에서 출발하여, 기존 산업의 상식을 넘어서는 새로운 인프라 전략을 실험하기로 했다. 알리바바는 막대한 자금을 서버 구축과 데이터센터 운영이라는 고정비에 투입하는 대신, 당시 점점 확대되기 시작했던 클라우드 인프라를 적극 활용하기로 했다. 마윈과 기술진은 클라우드가 가진 이점을 정확히 이해하고, 서비스의 초기 단계부터 대규모 클라우드 환경에서 운영되도록 설계했다. 알리바바는 초기 자체 구축 비용을 최소화하고 필요한 서버 자원을 언제든지 유연하게 확장하거나 축소할 수 있는 클라우드 시스템을 선택했다. 이를 통해 시장의 변화에 따라 빠르게 대응할 수 있는 유연성을 얻었고, 예측하기 힘든 고객 수요 급증이나 예기치 못한 이벤트에도 즉시 대응할 수 있었다.

실제로 알리바바의 전자상거래가 빠르게 성장하면서, 특히 11월 11일 독신을 기념하기 위한 중국의 광군제光棍节에서, 대규모 할인과 행사로 단 몇 시간 만에 평소보다 수십 배 이상의 서버 용량이 필요한 상황이 발생했다. 기존 방식대로 서버를 구축했다면 행사 하루를 위해 수많은 서버를 미리 마련하고 그 이후에는 유휴 자원을 방치하는 막대한 비효율이 발생했을 것이다. 그러나 알리바바는 클라우드 방식을 활용하여 이러한 급격한 수요 증가를 미리 준비하지 않고도 즉시 서버 자원을 확장하여 대응할 수 있었다. 이를 통해 알리바바는 불필요한 고정 비용을 절감하는 동시에 급격한 사용량 증가 상황에서도 안정적으로 플랫폼을 운영할 수 있는 환경을 구축했다.

결국, 알리바바는 초기부터 클라우드 인프라의 가능성을 인식하고 제1원칙 사고를 적용하여, "서버는 직접 구축하여 보유해야 한다"라는 기존 업계의 통념을 과감히 버렸다. 클라우드 기술을 적극적으로 활용한 덕분에 막대한 초기 투자 없이도 세계적 규모의 전자상거래 플랫폼을 효율적으로 운영할 수 있게 되었으며, 이는 곧 알리바바가 중국을 넘어 세계적인 기업으로 빠르게 성장하는 데 큰 힘이 되었다. 알리바바의 이 사례는 제1원칙 사고가 단지 이론적 접근이 아니라, 기업이 현실적이고 실질적으로 경쟁력을 높이기 위해 어떻게 비용 효율성과 혁신을 동시에 이룰 수 있는지를 보여준 가장 생생한 사례 중 하나로 남게 되었다.

넷플릭스가 자체 콘텐츠를 제작하기 이전만 하더라도, 영화와 방송 콘텐츠 제작은 유명 제작자나 감독의 직관과 경험에 크게 의존했다. 대부분의 방송사와 영화 제작사들은 과거의 성공 사례나 제작진의 개인적 판단을 통해 다음 프로젝트를 선택했고, 이 과정에서 콘텐츠의 성공 가능성은 상당히 불투명했다.

대규모 자본을 들인 작품이 실패로 끝나는 경우도 많았고, 이로 인해 제작사들은 콘텐츠 제작에 들어간 막대한 자금을 회수하지 못하는 상황에 종종 처했다. 이러한 방식은 창의적인 작품을 탄생시키기도 했지만, 동시에 막대한 재정적 리스크를 수반했다.

넷플릭스가 등장했을 때, 이 회사는 전통적인 제작 방식의 위험성을 정확히 인식하고 콘텐츠 제작의 본질적인 문제를 다시 점검했다. 넷플릭스의 CEO 리드 헤이스팅스와 그의 팀은 처음부터 "콘텐츠 제작을 운에 맡기는 것이 아니라 데이터를 통해 철저히 예측 가능한 비즈니스로 만들 수 없을까?"라는 근본적인 질문을 던졌다. 이 질문에서 시작된 넷플릭스의 전략은, 콘텐츠 제작의 성공 확률을 직관적 판단이 아니라 철저히 객관적이고 구체적인 시청자 데이터에 근거해 높이는 것이었다.

넷플릭스는 이미 사용자들의 영화와 드라마 시청 데이터를 방대하게 보유하고 있었고, 이 데이터가 숨겨진 보물이라는 점을 빠르게 깨달았다. 2011년, 넷플릭스는 회사 역사상 처음으로 자체 제작하는 드라마 〈하우스 오브 카드〉 제작을 결정했다. 그러나 당시 할리우드의 업계 관계자들은 이 프로젝트가 지나친 모험이며 실패할 것으로 예상했다. 제작 비용만 무려 1억 달러에 달하는 대규모 프로젝트였기 때문이다. 하지만 넷플릭스는 자신들의 판단을 주관적 감이나 업계 전문가의 예측에 의존하지 않았다. 대신, 자사의 수백만 명 시청자들이 남긴 방대한 데이터를 철저히 분석하여 객관적이고 근본적인 근거를 찾았다.

그들은 시청자 데이터를 분석하여 사람들의 취향과 선호를 명확히 파악했다. 분석 결과, 넷플릭스의 사용자들은 유명 배우 케빈 스페이시가 출연한 작품을 특히 자주 시청했고, 정치적 음모나 긴장감을 다룬 콘텐츠를 끝까지 몰입하여 보는 경향이 높다는 사실을 발견했다. 여기에 유명 감독 데이비드 핀처의 영화들이 넷플릭스의 핵심 시청층에서 높은 만족도와 완주율을 기록했다는 분석까지 더해졌다. 넷플릭스는 이 데이터를 기반으로 정치적 스릴러 장르에, 케빈 스페이시를 주연으로 캐스팅하고 데이비드 핀처 감독이 연출하는 콘텐츠라면 높은 확률로 성공할 수 있다는 명확한 결론을 얻었다.

이 분석에 따라 만든 〈하우스 오브 카드〉는 출시와 동시에 엄청난 반응을 얻었고, 업계의 예상을 완전히 뛰어넘는 세계적인 히트작이 되었다. 넷플릭스의 데이터 기반 접근법은 직관적 선택보다 훨씬 낮은 리스크로 매우 높은 성과를 얻을 수 있음을 생생히 입증했다. 이후 넷플릭스는 모든 콘텐츠 제작에서 데이터 분석을 필수적으로 활용하게 되었고, 이는 콘텐츠 제작에서의 혁신과 비용 절감이라는 두 가지 목표를 동시에 달성하게 해

제5장. 비즈니스에서 제1원칙 사고를 적용하는 방법   **185**

준 핵심 전략이 되었다.

　비슷하게 혁신을 이룬 사례는 항공 산업에서도 찾아볼 수 있다. 저비용 항공사들이 등장하기 전까지는 대부분의 항공사가 탑승객에게 좌석 지정 서비스와 기내 무료 음식을 제공하는 것이 당연했다. 소비자들 역시 항공 서비스라면 당연히 편리한 서비스가 따라와야 한다는 인식이 지배적이었다. 하지만 사우스웨스트 항공과 같은 저비용 항공사의 설립자들은 전통적인 항공 서비스가 가지는 복잡함과 고비용 문제를 근본적으로 다시 점검했다. 그들은 비행기의 가장 근본적인 목적이 단지 '승객을 안전하고 빠르게 목적지까지 운송하는 것'이며, 나머지 서비스는 본질적인 필수 요소가 아니라는 점에 주목했다.

　그리하여 사우스웨스트 항공은 좌석 지정제를 과감히 없애고 승객들이 자유롭게 탑승하도록 했다. 무료 기내식 서비스 역시 불필요한 비용으로 판단하여 없앴다. 또한 공항 사용료가 비싼 주요 공항 대신 도심 외곽에 있는 저렴한 소규모 공항을 주로 사용하여, 운항 비용을 획기적으로 낮추었다. 이런 서비스의 간소화로 발생한 비용 절감 효과는 고객들에게 초저가 항공권이라는 혜택으로 돌아갔고, 많은 소비자가 저렴한 가격을 선택하기 위해 서비스 축소를 흔쾌히 수용했다. 유럽의 라이언에어 역시 유사한 전략을 통해 항공산업을 근본적으로 바꾸며 소비자들에게 가격 부담을 낮춘 새로운 형태의 항공 여행을 제공했다.

이러한 사례들은 넷플릭스, 사우스웨스트 항공, 라이언에어와 같은 기업들이 '제1원칙 사고'를 바탕으로 기존 시장의 근본적 문제를 명확히 이해하고 본질적인 해법을 현실적으로 적용하여, 비용 절감과 혁신을 동시에 끌어낸 대표적 성공 사례로 자리 잡았다. 이들은 모두 업계가 당연하게 받아들였던 관습을 근본적으로 재정의하고, 가장 단순하면서도 명확한 방식으로 문제의 핵심을 해결함으로써 소비자와 기업이 동시에 혜택을 누릴 수 있는 새로운 가치를 창출해 낸 것이다.

직장인들을 위한 문제 해결법

제1원칙 사고는 단지 스타트업 창업자나 경영자들만의 전유물이 아니라, 일반 직장인들이 일상 업무에서 겪는 크고 작은 문제들을 해결하는 데도 강력한 사고 도구로 적용될 수 있다. 직장 생활에서 흔히 발생하는 비효율, 불필요한 업무 절차, 낡은 관행 등에 무감각하게 순응하지 않고, 늘 근본적인 목적과 이유를 철저하게 따져보는 습관이야말로 제1원칙 사고가 지향하는 접근 방식이다.

일상 업무 현장에서는 많은 직장인이 "원래 그렇게 했으니까", "지금까지 문제없이 잘 되었으니까"라는 이유로 업무 방식을 무의식적으로 반복하고 있다. 하지만 이런 습관적인 반복이 낳는 시간과 비용의 손실은 조직 전체에 큰 영향을 미친다. 제1원칙 사고는 이때 표면적으로 보이는 문제보다 더 깊은 곳에 자리 잡은 업무의 본질적인 목적과 의미를 다시 살펴보게 하고, 더 나은 방법을 찾을 수 있도록 돕는다.

흔하게 마주하는 문제 중 하나가 바로 비효율적인 회의 문화다. 많은 기업에서 회의는 생산성을 떨어뜨리는 대표적인 요소로 지적되고 있다. 형식적으로 관행처럼 이루어지는 회의는 많은 인력이 모인 자리에서 오히려 집중력을 떨어뜨리고 실제로 의미 있는 의사결정은 이뤄지지 못하는 경우가 흔하다. 이러한 문제에 제1원칙 사고를 적용하면, 회의의 본질적 목적부터 다시 질문하게 된다. 실제로 일부 기업에서는 '회의를 꼭 해야 하는가?'라는 질문을 던지면서부터 혁신이 시작되었다. 이런 고민에서 출발하여 어떤 기업은 특정 요일을 아예 회의가 없는 날로 정하고, 직원들이 업무에 온전히 몰입할 수 있도록 업무 환경을 재구성했다. 이러한 근본적인 재설계를 통해 불필요한 회의 시간이 현저히 줄어들었고, 오히려 직원 간 소통의 질과 집중력이 향상되어 업무 성과가 증가한 사례가 여럿 보고되고 있다.

비효율의 또 다른 원인인 보고 방식에서도 제1원칙 사고가 유효하게 작용한 사례가 많다. 보고 방식이 지나치게 형식적이거나, 핵심이 없이 분량만 길어지는 경우 조직 전체의 효율이 떨어지고 직원들의 업무 의욕도 저하된다. 세계적인 기업 아마존Amazon은 보고 문화의 비효율 문제를 명확히 인식하고, 이를 철저히 제1원칙 관점에서 재구성했다. 기존 방식인 파워포인트 사용을 전면 금지하고, 대신 6페이지로 구성된 서술형 보고서 방식을 도입하였다. 아마존의 제프 베이조스는 파워포인트의 단편적이고 피상적인 보고 방식이 효과적인 의사결정에 도움이 되지 않는다고 판단했다. 따라서 모든 회의는 참석자들이 회의 초반에 문서를 조용히 읽으며 핵심 내용을 숙지한 뒤에 진행되도록 바뀌었다. 이런 혁신을 통해 아마존은 회의 시간을 효과적으로 단축하면서도, 구성원 간의 깊이 있는 소통과 논의의 질적 향상을 이끌었다.

고객 응대 방식 역시 많은 기업에서 습관적이고 경직된 매뉴얼에 의존하는 경향이 있다. 고객 응대 업무에서 중요한 것은 문제 해결과 고객 만족이라는 본질인데, 오히려 형식적 절차가 이를 방해하는 경우가 있다. 이 문제를 제1원칙 관점에서 다시 바라본 기업은 기존의 전화상담 중심의 단일 대응 방식을 넘어 실시간 온라인 채팅이나 고객이 자율적으로 소통할 수 있는 커뮤니티 포럼을 활용하였다. 또한 상담 직원들에게 일정한 재량권을 부여하여 즉각적이고 유연한 대응을 가능케 하였다. 이 같은 근본적 변화는 고객들이 체감하는 만족도를 크게 높이는 동시에 회사 내부적으로도 상담 업무의 효율성과 효과성을 동시에 달성하는 결과를 가져왔다.

이외에도, 업무 방식을 근본적으로 혁신하여 업무 환경 자체를 창의적이고 유연하게 개선한 다양한 기업들의 사례가 존재한다. 사우스웨스트 항공Southwest Airlines은 규정과 절차 중심의 항공업계에서 벗어나 직원들의 자율성을 존중하고 비용 효율적이며 창의적인 운영 방식을 도입하여 전 세계적으로 모범 사례로 꼽힌다. 또한 라이언에어Ryanair는 기존 항공사의 복잡한 운영 방식을 재구성해 초저가 항공 전략으로 큰 성공을 거두었다.

조직 내 자율성에 중점을 둔 대표적 기업인 구글Google은 직원들에게 근무 시간 중 20%를 자신이 원하는 프로젝트에 자유롭게 투자할 수 있는 '20% 룰'을 운영했다. 이를 통해 직원 개개인이 회사에서 지시받은 업무 외에도 스스로 문제를 탐색하고 창의적인 실험을 통해 새로운 아이디어와 혁신적 성과물을 낼수 있는 문화를 만들었다. 또한, 구글은 실험과 실패를 장려하고 이를 혁신의 중요한 일부로 간주하여 제1원칙 사고의 기반이 되는 창의적인 업무 환경을 구축했다.

자포스Zappos나 사우스웨스트항공Southwest Airlines, 아마존

Amazon 등은 모두 직원들에게 자율성을 강조하고 기존 업무 관행이나 절차를 최소화하여 직원 개개인의 잠재력을 극대화하는 데 성공한 기업들이다. 이런 사례들은 모든 직장인이 자기 업무에서도 기존 관행이나 관습을 수동적으로 수용하기보다는, 업무의 본질적 목적을 계속해서 질문함으로써 효율과 창의성을 높이는 방법을 보여준다.

결국, 제1원칙 사고는 직장인이 기존의 업무 방식이나 관행에서 한 발짝 물러나 문제의 본질을 다시 바라보고 더 나은 방법을 찾는 사고방식이다. 주어진 방식에 순응하는 것이 아니라 스스로 근본적인 질문을 던지고, 문제의 본질을 재정의할 수 있어야 진정한 업무 혁신이 가능하다. 직장인 각자가 업무의 본질과 목적을 명확히 하고, 불필요한 관습과 형식에서 벗어나 스스로 새로운 접근법을 모색할 때, 개인과 조직 모두가 더 큰 효율과 창의성을 얻게 될 것이다.

제6장

제1원칙 사고로
세상을 뒤흔든 사람들

FIRST
PRINCIPLES
THINKING

이 장에서는 제1원칙 사고를 적용하여 혁신을 이뤄낸 스타트업 창업자들과 기존 기업들, 그리고 일반 독자들이 일상에서 따라할 수 있는 현실 사례들을 살펴본다. 이는 고정관념이나 기존 방식을 처음부터 재검토함으로써 문제를 해결하고 성과를 낸 생생한 이야기들이다.

성공한 창업자들의 사고 습관

2000년대 중반까지만 해도 휴대전화 시장에서 가장 인기 높았던 제품들은 모두 하나같이 실제 버튼이 달린 키패드를 가지고 있었다. 당시 소비자들은 손가락의 촉감으로 직접 누를 수 있는 물리적 버튼이 있어야 문자를 입력하거나 전화 걸기가 편하다고 여겼고, 노키아와 블랙베리 같은 제조사들은 이런 소비자의 선호를 잘 알고 있었다. 특히 블랙베리의 경우 작은 자판식 물리 키패드를 강점으로 내세우며 비즈니스 사용자들 사이에서 막대한 인기를 끌었으며, 이러한 시장의 흐름은 너무나도 확고한 것처럼 보였다. 대부분의 휴대전화 제조업체들도 "휴대전화에는 반드시 물리적인 버튼이 필요하다"는 생각을 당연히 받아들이고 있었다.

그러나 2000년대 중반, 애플의 CEO였던 스티브 잡스는 기존 휴대전화의 디자인과 사용 방식에 깊은 불만을 가지고 있었다. 그는 휴대전화가 지나치게 복잡하고 사용하기 불편하다고 느꼈고, 그 불편함의 근본적 원인을 고민하기 시작했다. 잡스가 보기에 당시 휴대전화의 문제는 기능이 부족한 것이 아니라, 오히려 복잡한 키패드와 작은 화면에 너무 많은 기능을 무리하게 담으려다 사용성이 떨어진다는 데 있었다. 그는 전통적인 방식을 그대로 따라가는 대신, "만약 키패드를 아예 없애고 큰 화면에서 모든 걸 해결할 수 있다면 어떻게 될까?"라는 근본적인 질문을 던졌다. 이 질문은 당시 휴대전화 업계에서는 감히 상상조차 하지 못한 혁신적인 발상이었다.

2007년 1월 9일, 샌프란시스코에서 열린 맥월드 컨퍼런스

제1원칙 사고법으로 혁신을 만든 스티브 잡스

무대 위에 선 스티브 잡스는 수천 명의 관중 앞에서 그 해답을
제시했다. 잡스가 주머니에서 꺼내든 아이폰의 첫 모습은 관객
들의 예상을 완전히 뒤엎는 형태였다. 작은 화면에 물리적 키
패드가 빽빽히 배치된 기존의 휴대전화와 달리, 아이폰은 손바
닥보다 큰 화면 하나가 전면을 가득 채우고 있었다. 이 자리에
서 잡스는 키패드가 없는 아이폰의 화면 위를 가볍게 손가락으
로 터치하고 쓸어 넘기며 음악을 듣고, 웹사이트를 탐색하고,
전화를 걸고 문자를 보내는 모습을 보여줬다. 당시 관객들 사
이에서는 놀라움과 기대감이 동시에 퍼져나갔지만, 한편으로
는 회의적인 목소리도 컸다. 특히 비즈니스 고객층을 중요시했

던 블랙베리나 노키아 등의 경쟁사 관계자들과 일부 전문가들은 "물리적 키패드 없이 어떻게 긴 이메일을 쓰고 업무를 처리할 수 있겠느냐"며 아이폰의 성공 가능성에 강한 의문을 제기했다. 심지어 당시 마이크로소프트의 CEO였던 스티브 발머는 "키보드가 없어 비즈니스 시장에 적합하지 않다"며 아이폰을 공개적으로 비판했다.

하지만 잡스는 소비자들이 물리적 버튼 자체를 원하는 것이 아니라, 사용하기 편리하고 직관적인 입력 방식을 원한다는 사실을 명확히 이해했다. 그는 키패드를 제거하고 대신 터치스크린 위에 상황에 따라 유연하게 바뀌는 소프트웨어 키보드를 만들어 탑재했다. 기존 방식의 물리적 키패드와는 달리, 터치스크린 위에서 키패드는 상황에 맞게 나타나거나 사라졌고, 사용자는 오히려 더 큰 화면과 다양한 기능을 직관적이고 효율적으로 이용할 수 있게 되었다.

이 혁신적 인터페이스는 곧 사용자들의 기존 관습을 깨뜨리며 큰 인기를 끌었다. 물리적 키패드가 없다는 약점은 오히려 장점이 되었고, 사용자들은 터치스크린 기반의 직관적이고 부드러운 조작 경험에 열광했다. 또한 애플은 아이폰 위에서 작동하는 다양한 앱을 개발할 수 있는 환경을 만들어 개발자들에게 개방했고, 이는 사용자가 아이폰을 더욱 다양하고 창의적인 방법으로 활용할 수 있는 생태계를 구축했다.

결국, 잡스가 물리적 키패드라는 고정관념을 철저히 배제하고 '터치 기반 인터페이스'라는 본질적 혁신을 선택한 덕분에 아이폰은 시장의 기존 질서를 완전히 바꾸는 데 성공했다. 아이폰의 등장으로 전 세계 휴대전화 산업은 더 이상 키패드를 고집할 수 없었으며, 경쟁사들은 서둘러 터치스크린 기반 스마트폰을 출시하며 대응에 나섰다. 아이폰의 혁신은 단순한 기술적 변화에 그치지 않고, 전체 모바일 생태계 자체를 혁명적으로 바꿔 놓았다.

결국, 애플과 스티브 잡스는 "키패드가 필수적"이라는 기존 통념에서 벗어나, 근본적인 사용자 경험의 본질에서부터 문제를 재정의하고 해결함으로써 제1원칙 사고를 통해 혁신을 현실화한 대표적인 사례로 역사에 남게 되었다.

넷플릭스가 처음 등장했을 때 누구도 주목하지 않았던 작은 스타트업에 불과했다. 1990년대 말, 당시 미국을 포함한 전 세계에서 가장 큰 비디오 대여 체인점은 '블록버스터Blockbuster'였고, 대부분 사람은 영화 한 편을 보려면 근처 블록버스터 매장을 찾아가 직접 DVD를 빌린 후, 정해진 날짜 안에 매장으로 다시 반납하는 것이 당연한 일상이라고 생각했다. 블록버스터의 CEO와 경영진조차 이 비즈니스 모델이 영원히 유지될 것이라고 믿으며 크게 의심하지 않았다. 하지만 넷플릭스의 창업자 리드 헤이스팅스는 전혀 다른 각도에서 시장의 본질을 바라보고 있었다.

헤이스팅스는 어느 날 블록버스터에서 빌린 DVD를 제때 반납하지 못해 연체료를 지불해야 했고, 이런 사소하지만 불쾌한 경험을 통해 "이런 방식의 비디오 대여가 과연 고객에게 최적의 방식인가?"라는 근본적 질문을 품었다. 당시 사람들 대부분 비디오 대여업계에서 연체료가 주요 수익원이라는 것을 당연히 여겼지만, 헤이스팅스는 이 연체료 모델이 소비자에게는 불편함이자 기업과 고객 사이의 불신을 만드는 요인이라고 생각했다.

그는 여기서 출발하여 '소비자들이 굳이 매장까지 직접 찾아가서 비디오를 빌리고, 일정한 시간 내에 꼭 반납해야만 하는 이유가 있을까?'라는 본질적 질문을 던졌다. 그 결과, 넷플릭스는 초기에 우편으로 DVD를 집까지 배달해주는 서비스를 도입했고, 연체료 없이 일정 월 구독료만 내면 사용자가 원하는 만큼 DVD를 빌릴 수 있는 모델을 만들었다. 이 아이디어는 초기부터 소비자들에게 좋은 반응을 얻었지만, 헤이스팅스는 거기에서 멈추지 않았다.

2000년대 초반, 인터넷이 빠르게 보급되기 시작하고 초고속 인터넷 인프라가 급격히 발전하면서 소비자들의 콘텐츠 이용 방식도 서서히 변화하고 있었다. 헤이스팅스는 이 기술적 변화를 주목하며 다시 한번 근본적 질문을 던졌다. "사람들이 물리적 DVD를 우편으로 기다려야 하는 과정 자체를 완전히 없애면 어떨까?" 즉, 소비자가 언제 어디서든 원하는 콘텐츠를 즉시 시청할 수 있는 환경을 만드는 것이 바로 콘텐츠 소비의 본질적 니즈라는 것을 깨달았다.

그러나 당시로서는 인터넷을 통해 영화를 스트리밍 방식으로 전달하는 기술이 아직 초기 단계였기 때문에, 영상 품질 저하와 같은 기술적인 우려가 컸다. 많은 사람이 여전히 안정적인 DVD를 선호했고, 인터넷 스트리밍을 주력 비즈니스로 삼는다는 아이디어는 지나치게 과감하고 위험하다고 여겨졌다. 하지만 헤이스팅스는 초고속 인터넷 보급 속도와 디지털 콘텐츠의 흐름을 깊이 분석하며, 시간이 지날수록 소비자들이 언제 어디서나 즉각적으로 콘텐츠에 접근할 수 있는 편리함을 점점 더 원하게 될 것이라는 확신을 얻었다.

결국 넷플릭스는 기존의 DVD 우편 대여 방식이라는, 그들이 이미 성공적으로 운영하고 있던 비즈니스 모델을 과감히 축소하고 인터넷 기반의 스트리밍 서비스에 본격적으로 투자하기 시작했다. 이 결정이 처음 발표되었을 때, 넷플릭스의 주가는 일시적으로 폭락했고 시장에서는 '헤이스팅스가 무모한 도박을 벌였다'라는 비판까지 나왔다. 당시 블록버스터 경영진도 이 결정을 비웃으며 넷플릭스를 과소평가했다.

하지만 몇 년이 지나자 상황은 완전히 바뀌었다. 인터넷 환경이 빠르게 발전하면서 소비자들은 언제 어디서나 스마트폰이나 태블릿, 컴퓨터에서 원하는 콘텐츠를 바로 시청할 수 있는 편리성에 열광했다. 넷플릭스의 스트리밍 서비스 가입자 수는 폭발적으로 증가했고, 사용자들은 DVD 대여보다도 더 큰 만족을 느꼈다. 결국 기존의 강자였던 블록버스터는 급격히 시장을 잃고 파산에 이르렀다. 소비자들은 더 이상 블록버스터 매장에 갈 필요도, DVD를 기다리는 불편도 느끼지 않게 되었다.

넷플릭스는 여기에 그치지 않고 자신들이 확보한 방대한 사용자 데이터를 바탕으로 콘텐츠 제작까지 직접 뛰어들며, 〈하우스 오브 카드〉, 〈기묘한 이야기〉, 〈오징어 게임〉 등 대규모 히트작들을 탄생시키면서 글로벌 콘텐츠 시장을 압도했다. 이렇게 넷플릭스는 본질적인 질문을 던지고, 과감히 기존 산업의 상식을 부정한 결과 전통적인 방송 · 영화 산업의 전체 구조를 바꿨다.

한편 블록버스터는 기존 방식에 안주한 채 시대의 흐름을 놓쳐 결국 파산했고, 넷플릭스는 제1원칙 사고에 따라 '소비자들이 콘텐츠를 가장 쉽고 빠르게 볼 수 있는 방식'이 무엇인지 끊임없이 고민하고 실행함으로써 글로벌 콘텐츠 산업의 혁신을 이끌고 현재의 막대한 성공을 거두게 되었다.

아마존이 처음 설립되었을 때는 작은 온라인 서점에 불과했다. 1994년 당시 제프 베이조스는 월스트리트에서 금융업에 종사하며 인터넷 사용자가 매년 기하급수적으로 증가하는 현상에 주목하고 있었다. 그는 앞으로 인터넷이 쇼핑 방식을 완전히 바꿀 것이라고 확신했지만, 처음부터 모든 제품을 다룰 수 없었기에 사람들이 온라인에서 가장 쉽게 구매할 수 있는 상품이 무엇인지 고민했다. 그가 도달한 결론은 '책'이었다. 책은 품질이나 형태가 표준화되어 있어 온라인에서 구매하기에 적합한 제품이었고, 당시 미국의 오프라인 서점들이 갖추기 어려운 방대한 도서 목록을 온라인에서 제공할 수 있었다. 그렇게 아마존은 온라인 서점이라는 형태로 시작되었다.

하지만 제프 베이조스의 목표는 단순히 책을 파는 온라인 서점에 머무는 것이 아니었다. 그는 아마존의 사업 모델을 끊임없이 근본적인 관점에서 재점검했고, 1997년 고객들에게 보낸 유명한 이메일에서 이렇게 질문을 던졌다. "여러분은 아마존에서 책 말고도 어떤 상품을 사고 싶으신가요?" 당시 그 질문은 간단하면서도 놀라울 정도로 중요한 의미를 담고 있었다. 그 질문 자체가 이미 아마존이 온라인 서점이라는 좁은 정의에 갇히지 않고 전자상거래 전체로 영역을 확대하려는 근본적 발상의 전환을 암시한 것이었다.

베이조스는 사람들의 온라인 구매 습관을 분석하며, 고객이 원하는 것은 특정한 제품 카테고리가 아니라 '빠르고 편리하게 제품을 받아볼 수 있는 최고의 쇼핑 경험'이라는 사실을 명확히 깨달았다. 이 통찰을 기반으로 아마존은 책 외에도 음악 CD, 비디오테이프, DVD 등을 시작으로 제품군을 빠르게 확대해 나갔다. 당시 업계에서는 "책만을 판매하던 회사가 어떻게 전자기기, 장난감, 주방용품 등 다양한 제품까지 취급할 수 있겠냐?"고 회의적이었지만, 베이조스는 전자상거래가 가진 근본적 본질을 정확히 파악했기 때문에 자신감 있게 확장을 추진할 수 있었다. 이후 아마존은 급속도로 성장을 거듭하여, 단순한 온라인 서점에서 지구상 거의 모든 것을 판매하는 글로벌 종합 온라인 쇼핑몰이 되었다. 나아가 클라우드 서비스인 AWS^Amazon Web Services를 출시하며, 사업의 본질을 상품 판매가 아닌 고객이 원하는 모든 가치를 효율적으로 제공하는 플랫폼으로까지 재정의하는 단계에 이르렀다.

초기 인터넷 시대의 금융 거래는 기존 은행 시스템에 크게 의존했다. 특히 개인 간 소액 송금이나 온라인 상거래 결제는 수표 발행, 계좌 이체, 혹은 복잡한 신용카드 처리 과정을 거쳐야 했으며, 이는 시간과 비용이 많이 드는 비효율적인 방식이었다. 당시 금융 시스템은 수십 년간 이어진 방식으로 운영되었고, 대부분의 사람은 이를 당연하게 받아들였다.

하지만 페이팔의 공동 창업자들(피터 틸, 일론 머스크 등)은 이러한 기존 방식에 근본적인 의문을 제기했다. "왜 인터넷이라는 즉각적인 정보 교환이 가능한 환경에서 돈을 보내는 것은 이렇게 느리고 복잡하며 비싸야 하는가?" 그들은 기존 은행 시스템의 복잡한 절차와 높은 수수료를 당연하게 수용하는 대신, 돈을 주고받는 행위의 본질이 무엇인지 제1원칙에 입각하여 고민하기 시작했다.

그들은 금융 거래의 핵심은 결국 '가치의 이동'이며, 디지털 환경에서는 이 가치의 이동을 기록하고 증명하는 것이 핵심이라는 결론에 도달했다. 실제 물리적인 돈이나 복잡한 서류가 오고 갈 필요 없이, 이메일 주소와 같은 간단한 식별자를 통해 사용자 계정 간의 디지털 잔액을 안전하게 이전시키는 것만으로도 충분하다고 생각했다. 기존 은행 시스템이 가진 물리적 지점 운영 비용, 복잡한 규제 준수 절차, 여러 단계를 거치는 청산 시스템 등은 디지털 환경에서는 불필요하거나 최소화될 수 있는 요소였다.

페이팔 팀은 이 깨달음을 바탕으로, 이메일 주소를 이용해 즉각적이고 저렴하게 온라인 송금 및 결제를 할 수 있는 시스템을 구축하기로 했다. 이는 기존 은행이나 신용카드 회사들이 제공하는 서비스의 복잡성과 비용 구조를 완전히 우회하는 접근 방식이었다. 물론 이러한 시도는 초기에 많은 도전에 직면했다. 금융 규제 당국의 감시, 기존 금융 기관들의 견제, 그리고 특히 심각했던 온라인 사기 문제 등이 대표적이었다. 많은 전문가는 보안과 신뢰성 문제를 이유로 이러한 방식이 성공하기 어려울 것으로 예측했다.

하지만 페이팔은 혁신적인 사기 탐지 시스템을 개발하고 사용자 편의성에 집중하며 난관을 극복해 나갔다. 특히 이베이 eBay처럼 온라인 경매 사이트 사용자들 사이에서 폭발적인 인기를 얻으며 빠르게 성장했다. 수표를 우편으로 보내거나 복잡한 계좌 이체를 해야 했던 사용자들에게 페이팔의 즉각적인 결제 시스템은 혁신 그 자체였다.

결과적으로 페이팔은 기존의 복잡하고 비용이 많이 들었던 온라인 소액 결제 및 송금 시장의 판도를 완전히 바꾸어 놓았다. 개인과 소규모 사업자들이 훨씬 쉽고 저렴하게 온라인 거래를 할 수 있게 되면서 전자상거래의 성장을 촉진하는 중요한 기반을 마련했다. 페이팔의 성공은 금융 거래의 본질을 파고들어 기존 시스템의 비효율성을 제거하고 디지털 환경에 최적화된 새로운 솔루션을 제시한 제1원칙 사고의 또 다른 대표적인 성공 사례로 평가받으며, 이후 핀테크^{FinTech} 산업 발전의 중요한 기폭제가 되었다.

기존 기업의 문제 해결 방식 변화

전통 제조업에서 일어난 제조 공정의 혁신 사례는, 제1원칙 사고가 제조업의 근본적인 효율성 향상에 어떻게 기여할 수 있는지를 극명하게 보여준다. 과거 전통 제조기업들은 각 부품을 개별적으로 제작한 후 조립 라인을 통해 완제품을 생산하는 방식을 당연한 것으로 여겼다. 그러나 이러한 방식은 조립 단계가 많아질수록 제조 공정이 복잡해지고 인력과 시간이 많이 소요되는 구조적 한계를 가지고 있었다. 테슬라는 이 문제를 해결하기 위해 기존 자동차 제조 방식을 처음부터 다시 검토했다.

일론 머스크는 차량의 구조를 이루는 여러 개의 작은 부품들이 반드시 독립적으로 존재할 필요가 있는지 의문을 던졌다. 테슬라는 전기차 모델 Y를 생산하면서, 본래 후면 차체를 구성하는 70개 이상의 부품과 그에 따른 조립 과정을 완전히 없애고, 대신 기가 프레스^{Giga Press}라는 초대형 알루미늄 주조 설비를 이용해 거대한 일체형 주물 부품으로 대체하는 혁신을 단행했다. 이로 인해 기존에 여러 단계로 나뉘어 있던 복잡한 공정

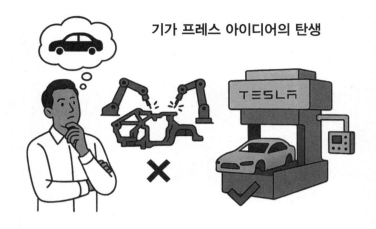

기가 프레스 아이디어의 탄생

이 하나의 단순한 공정으로 통합되면서 제조 과정이 획기적으로 단축되고, 부품 관리, 품질 유지 비용 등 부수적인 비용도 크게 절감되었다. 테슬라의 사례는 전통 제조업에서도 고정관념을 깨고 처음부터 공정을 다시 설계하면 생산성을 비약적으로 향상시킬 수 있다는 것을 입증했다.

IT 업계에서는 재택근무가 업무 생산성을 저하시킨다는 기존의 통념을 데이터와 실험을 통해 전면적으로 다시 검증한 사례가 있다. 코로나19로 인한 팬데믹 이전까지 대다수 기업들은 재택근무나 원격 근무가 업무의 효율성을 낮추고 협업을 어렵게 만든다고 인식했다. 그러나 중국 여행 기업 CTrip은 이 통념을 무작위 통제 실험RCT을 통해 엄밀히 테스트했다. 9개월

동안 직원들을 무작위로 나누어 한 그룹은 사무실에서, 다른 한 그룹은 집에서 근무하도록 하고 성과 데이터를 비교했는데, 결과적으로 재택근무를 한 직원들의 성과가 평균 13%나 높게 나타났다. 이는 이동 시간의 절약, 업무 집중도 증가, 근무 환경의 편안함 등이 오히려 긍정적인 영향을 끼쳤기 때문이다. 이 실험 결과는 코로나19 팬데믹 기간 현실에서 더욱 폭넓게 증명되었다. 구글, 마이크로소프트, 트위터 등 글로벌 IT 기업들이 반강제적 상황에서 원격 근무를 도입하게 되었고, 그 결과 대부분의 기업에서 업무 생산성이 유지되거나 오히려 높아지는 현상을 경험했다. 기업들은 이러한 데이터를 바탕으로 과거의 편견에서 벗어나 원격근무, 유연 근무제, 하이브리드 근무 방식 등 다양한 형태로 근무 형태를 적극적으로 재설계하고 있으며, 이는 장기적으로 근무 환경 자체를 근본적으로 변화시키고 있다.

금융산업과 헬스케어 분야는 전통적으로 복잡한 서류 업무와 수작업 프로세스가 많았기 때문에, 직원들은 하루 대부분을 같은 종류의 문서를 반복적으로 검토하거나 정리하는 데 시간을 보냈다. 글로벌 금융기업인 JP모건 역시 이러한 문제에서 예외는 아니었다. 특히 대출 서류, 계약서, 고객 자산 문서 등 수많은 서류를 직원들이 하나하나 수작업으로 점검하고 처리하면서 막대한 인력과 시간이 소요되고 있었다. 회사 내부에서도 직원들은 이러한 작업이 본연의 업무에 집중하기 어렵게 하고 생산성과 업무 만족도를 떨어뜨리는 근본적인 문제라는 점을 잘 알고 있었지만, 전통적인 방식에 익숙한 기업 문화에서는 쉽게 새로운 방식을 도입하기 어려운 상황이었다.

그러던 어느 날, JP모건 경영진과 기술팀은 이 문제를 근본부터 다시 생각해보기 시작했다. "우리는 왜 수많은 직원들이 귀중한 시간을 반복적이고 단순한 서류 검토 업무에 계속 낭비하도록 방치하고 있는가?"라는 질문을 던졌다. 이 질문의 본질적 의미는, 과연 이렇게 많은 인력이 같은 형태의 업무를 반복 수행하는 것이 효율적인지, 그리고 사람이 하는 것보다 더 나은 해결책은 없는지에 대한 근본적 고민이었다. JP모건의 기술팀은 그 해결책을 인공지능AI 기술에서 찾았다.

JP모건 체이스JP Morgan Chase는 2016년부터 내부적으로 '코인COiN'이라 불리는 인공지능 플랫폼을 개발하고 도입하기 시작했다. 이 AI 시스템은 과거에 사람이 수백 시간 동안 하나하나 읽고 분석했던 금융 계약서나 대출 서류 같은 복잡한 문서를 몇 초 안에 정확히 분석하고 분류할 수 있도록 설계되었다. 처음 도입 당시에는 직원들과 업계 내부의 반응은 회의적이었다. 사람들은 "인공지능이 과연 복잡한 금융 계약 내용을 인간만큼 정확하게 이해하고 분석할 수 있을까?"라며 의심했다. 그러나 실제 코인 시스템이 운영되기 시작한 후 결과는 직원들과 경영진 모두에게 충격적이었다.

지금까지 수많은 직원이 며칠 동안 매달려 분석하던 수십만 건의 계약서 검토 작업을 AI가 몇 초 만에 정확하게 처리할 수 있게 되었다. 이전에 사람이 한 해 동안 검토했던 분량을 코인은 단 몇 분도 걸리지 않고 처리했다. 수작업으로 검토할 때 발생하던 오류도 눈에 띄게 줄었고, 결과적으로 업무의 효율성과 정확성 모두가 크게 향상되었다. 이로 인해 JP모건은 연간 수십만 시간에 달하는 인력의 작업 시간을 절약했고, 이 직원들은 이제 더 창의적이고 전략적인 업무에 집중할 수 있게 되었다. 즉, 직원들은 단순히 서류 검토에 매달리는 대신 고객 관리, 위험 분석, 금융상품 개발 등 회사에 훨씬 더 높은 부가가치를 창출하는 업무로 이동할 수 있었다.

이와 유사한 제1원칙 사고는 금융 산업을 넘어 헬스케어 산업에도 적용되기 시작했다. 전통적으로 병원들은 환자 진료 예약, 처방 관리, 의료 기록 관리 등 수많은 행정 업무를 수작업으로 진행하고 있었다. 의료진들은 실제 진료나 치료 연구보다도 행정적 서류를 관리하는 데 많은 시간을 허비해야 했고, 이러한 업무 처리 과정에서 자주 오류가 발생하여 환자들과 의료진 모두에게 큰 스트레스를 주었다. 헬스케어 분야의 기업들과 병원 관리자들은 여기서 본질적 질문을 던졌다. "왜 전문적인 의료 인력이 반복적인 서류 업무와 예약 관리에 귀중한 시간을 써야 하는가? 인공지능과 자동화 기술을 통해 이 작업을 더 효율적으로 처리할 수는 없을까?"

이 질문에서 출발한 헬스케어 기업과 병원들은 AI 기반의 예약 시스템을 도입하기 시작했다. 인공지능 기반 플랫폼을 통해 환자 진료 예약을 자동으로 관리하고, 환자들의 과거 병력과 증상을 분석해 적절한 진료를 미리 제안하는 시스템까지 만들어졌다. 의료진은 더 이상 반복적인 서류 관리나 예약 조정으로 시간을 낭비하지 않고, 대신 환자 진료와 치료 계획 수립, 연구와 같이 전문적이고 창의적인 업무에 더 집중할 수 있게 되었다. 환자들 역시 병원에서 불필요하게 대기하는 시간이 줄고, 신속하고 정확한 서비스를 받을 수 있어 의료 만족도가 높아졌다.

JP모건의 코인 플랫폼 사례와 헬스케어 산업의 혁신은 결국 기존의 산업이 고정관념에서 벗어나 근본적인 문제를 명확히 정의하고 제1원칙 사고를 통해 기술적 해법을 과감히 도입했을 때 얼마나 큰 혁신이 가능한지를 생생히 보여준다. 과거의 수작업 중심 관행에 얽매이지 않고 새로운 기술의 본질적 효용성을 이해하고 적극적으로 도입한 덕분에 이들은 엄청난 비용 절감과 혁신적 성과라는 두 가지 목표를 동시에 달성할 수 있었다.

누구나 따라 할 수 있는 현실적 적용 사례

제조업이나 IT 기업뿐 아니라 개인의 일상에서도 제1원칙 사고를 도입하면 가시적인 변화를 만들 수 있다. 특히 개인 재정 관리 영역에서 제1원칙 사고는 큰 효과를 발휘한다. 가령 대부분의 사람들은 월급이 들어오면 월세나 관리비, 식비, 교통비, 여가비 등 매달 비슷한 지출 항목들로 고정된 지출 습관을 유지하며 살아간다. 그러나 이렇게 늘 관성적으로 사용되는 비용들이 정말 모두 꼭 필요한 것인지에 대해 근본적인 의문을 던지면 의외로 불필요한 항목들이 많다는 사실을 깨닫게 된다.

최근 유행하는 미니멀리즘 운동이나 제로 베이스 예산 관리법이 바로 이러한 제1원칙 사고에 기초한 소비 관리 전략이다. 제로 베이스 예산은 매달 모든 지출 항목을 처음부터 하나씩 검토하고, 각 항목이 과연 자신에게 반드시 필요한지, 지출 대비 얼마나 만족감을 주는지 평가하도록 유도한다. 이 과정에서 단지 원래 지출하던 비용이라는 이유만으로 자동 지출되던 항목들을 과감하게 줄이거나 제거할 수 있다. 예컨대 이용 빈도가 낮은 OTT 서비스 구독료, 무심코 자동 결제되는 유료 앱, 잦은 외식 비용 등을 처음부터 다시 점검하면 생각보다 큰 금액을 절약할 수 있다. 이렇게 해서 절약한 비용을 다시 가치 있는 경험이나 투자, 자기계발에 재배치하면 적은 돈으로도 생활 만족도를 높이는 효과를 거둘 수 있다.

개인의 건강 관리에서도 제1원칙 사고는 중요하다. 흔히 체중을 줄이기 위해선 "굶어야 한다"라거나, 몸이 힘들 정도의 격렬한 운동을 해야 한다는 편견이 널리 퍼져 있다. 그러나 수많은 과학적 연구는 이와 반대로, 굶거나 극단적인 운동으로는 장기적으로 건강한 체중 감량이나 관리가 어렵다고 증명하고 있다. 체중 감량의 근본적 원리를 따져보면, 결국 섭취한 열량과 소비한 열량 간의 차이를 만드는 것이 핵심이라는 사실을 발견할 수 있다.

다시 말해 핵심 원칙은 몸이 소비하는 칼로리보다 섭취하는 칼로리를 적게 만들어 칼로리 결손 상태를 유지하는 것이며, 반드시 힘들거나 극단적일 필요는 없다는 것이다. 이 원칙을 이해하면 무리한 다이어트나 원푸드 다이어트 같은 비과학적 방법을 피하고, 균형 잡힌 식단과 지속 가능한 중강도의 운동을 중심으로 습관을 재구성하는 것이 더 합리적이라는 결론에 이른다. 꾸준한 산책이나 간단한 홈트레이닝, 저탄수화물 중심의 건강한 식습관 등을 통해 지속 가능한 생활 습관으로 이어질 수 있고, 이는 결국 요요 현상이나 건강 악화 같은 부작용 없이 목표한 건강 상태로의 안착을 가능케 한다.

학습 방식에서도 제1원칙 사고를 적용하면 암기 위주의 표면적 이해를 넘어 근본적인 학습 효과를 높일 수 있다. 흔히 학생들이나 학습자들은 빨리 많은 양의 정보를 습득하려는 목적으로 단순 암기를 선호한다. 그러나 이런 방식은 오히려 시간이 지나면 쉽게 망각되며, 깊은 이해로 이어지지 않는다. 이에 반해 노벨상 수상자인 물리학자 리처드 파인만이 제시한 파인만 학습법은 제1원칙 사고에 충실한 학습법으로 평가받는다. 이 학습법은 어떤 개념이든 근본적인 원리를 정확하게 이해한 뒤, 그 내용을 스스로가 어린아이나 문외한에게 설명하듯 단순한 언어로 풀어서 설명해보는 방식이다. 자신이 설명할 수 있을 정도로 충분히 개념을 이해하지 못했다면, 그만큼 다시 기본 원리를 되돌아보게 된다. 파인만의 방식처럼 기초 원리부터 차근차근 이해하며 학습하면 겉핥기식 암기보다 훨씬 깊이 있고 오래 남는 지식을 얻을 수 있다.

조직에서의 생산성 문제 또한 제1원칙적 접근으로 근본적인 혁신이 가능하다. 직장인들이 일상적으로 경험하는 업무 비효율의 대표적 원인 중 하나가 불필요하게 반복되거나 형식적으로 열리는 정기 회의이다. 글로벌 기업들에서도 회의의 필요성을 원점에서 다시 검토하고 줄이거나 없애는 혁신을 시도하고 있다. 대표적으로 한 글로벌 기업은 "회의가 정말 필요한가?"

라는 근본적 질문을 던졌고, 그 결과로 일부 팀에서는 아예 모든 정기회의를 없애고 커뮤니케이션 도구를 활용해 소통하는 방식을 도입했다. 대표적인 전자상거래 기업 쇼피파이Shopify나 글로벌 IT기업인 아사나Asana는 회의 대신 문서 기반 업무를 확산하여 회의 횟수를 크게 줄였고, 생산성을 상당히 끌어올린 사례로 평가받는다. 이러한 첩근은 업무 시간을 획기적으로 절약해 직원들이 더욱 창의적인 업무에 집중하도록 돕는다.

스타벅스는 전 세계에서 가장 많은 커피를 판매하는 글로벌 브랜드로 성장하면서 동시에 환경 보호라는 새로운 책임과 도전에 직면하게 되었다. 스타벅스 매장에서 사용되고 버려지는 일회용 컵의 숫자는 매년 수십억 개에 달했고, 환경운동가들과 소비자들은 이로 인한 환경적 피해를 지속적으로 지적하며 기업의 책임을 강하게 요구했다. 당시 대부분 기업들은 이런 문제를 해결하기 위해 주로 친환경 소재를 적용하거나 일회용 컵의 재활용을 장려하는 캠페인에 집중했다. 하지만 스타벅스는 이 접근이 문제의 근본적인 해결책이 아니라는 점을 깨닫고 있었다. 기업의 내부 분석에 따르면, 컵을 친환경 소재로 바꿔도 결국 사용 후 버려지는 일회성 소비의 본질적인 문제는 그대로 남는다는 결론에 이르렀기 때문이다.

이에 스타벅스의 경영진은 환경 문제 해결에 대한 근본적인 접근법을 재검토하며 새로운 질문을 던지기 시작했다. "친환경 일회용 컵을 만드는 것도 좋지만, 왜 애초부터 일회용 컵을 사용해야만 하는가? 일회용 컵을 아예 사용하지 않는 방법은 없을까?"라는 본질적이고 근본적인 질문이었다. 이는 기존의 "어떻게 하면 덜 해로운 컵을 만들까?"라는 접근과는 근본적으로 다른, 보다 근원적인 문제에 초점을 맞춘 발상의 전환이었다.

스타벅스의 경영진과 환경팀은 이 질문에 대한 근본적 해결책으로 '완전한 재사용 순환 모델'을 구상하기 시작했다. 2021년, 스타벅스는 미국 시애틀을 시작으로 일부 매장에서 'Borrow-A-Cup(컵 대여)' 프로그램이라는 혁신적이고 실험적인 시범 운영을 도입했다. 이 프로그램에서 고객은 일회용 컵이 아니라, 견고하고 세척이 가능한 재사용 컵에 음료를 받아간다. 음료를 마신 후, 소비자는 사용한 컵을 매장에 설치된 전용 반납함에 돌려주거나, 별도의 반납 장소에서 컵을 반납하면 일정 금액을 다시 돌려받는 방식이었다.

스타벅스는 이 시스템이 실제로 작동하려면 소비자가 자발적으로 참여할 수 있는 매력적인 구조가 필요하다는 점을 인지하고 있었다. 그래서 컵을 반납할 때 보증금을 돌려주고, 사용자의 스마트폰 앱을 통해 손쉽게 컵 반납을 확인하고 보상을 받을 수 있는 간단한 기술적 시스템을 설계했다. 반납된 컵은 철

시애틀 스타벅스의 컵 대여 프로그램

저히 소독·세척되어 다시 매장으로 돌아가 반복해서 사용되었다. 처음 이 프로그램이 시행되었을 때 일부 고객과 직원들은 불편함이나 번거로움을 느꼈지만, 점차 시간이 흐르면서 소비자들은 환경을 위해 이 정도 불편은 충분히 감수할 수 있다고 느끼기 시작했다. 무엇보다도 프로그램의 구체적인 환경적 성과와 순환 시스템이 실제로 작동하는 모습이 공개되자 소비자의 참여율은 많이 증가했다.

이러한 새로운 접근법은 이전의 단순한 권장이나 친환경 제품 교체와는 근본적으로 다른 문제 해결 방식이었다. 스타벅스는 본질적인 질문에서 출발하여 일회용 컵 자체를 완전히 없애고, 완벽한 재사용 시스템을 만들어 순환 모델을 구축했다. 이 모델은 컵을 사용하고, 회수하고, 세척하여 다시 사용하는 순환 구조로 작동함으로써 일회용 컵이라는 환경 문제의 본질적 원인을 제거하는 혁신을 이루었다.

스타벅스의 이 대담한 실험은 결국 글로벌 환경 보호 운동에서 하나의 새로운 이정표가 되었다. 이후 스타벅스는 이 시범 운영의 성공을 바탕으로 전 세계 수천 개의 매장으로 재사용 시스템을 확대 적용하여, 2030년까지 전 세계 모든 매장에서 일회용 컵 사용을 완전히 없애겠다는 목표를 설정했다. 이 사례는 스타벅스가 환경 문제 해결에 있어 기존의 관습적인 접근을 과감히 버리고, 제1원칙 사고를 활용하여 본질적인 문제의 근본 원인을 직접 제거하는 혁신을 이루어낸 대표적인 성공 사례로 남게 되었다.

제7장

제1원칙 사고를
익히는 연습법

FIRST
PRINCIPLES
THINKING

이 장에서는 제1원칙 사고를 실천적으로 체득할 수 있는 연습 방법들을 단계별로 소개하고, 효과적인 질문 프레이밍 기법과 창의적 사고 훈련법을 함께 다룬다. 일반적인 설명에 더해 심리학·인지과학적 원리를 언급하며, 비즈니스 현장에서의 예시와 일상에서도 활용할 수 있는 연습법을 제시할 예정이다. 이를 통해 독자들이 스스로 사고방식을 혁신하고 문제 해결력을 높이는 데 도움을 주고자 한다.

단계별 사고 훈련하기

제1원칙 사고 훈련법은 단순히 기존에 존재하는 문제를 해결하는 것을 넘어, 문제를 근본적으로 재구성하여 창의적인 해결책을 도출하는 방법이다. 이 접근법은 특히 복잡하고 반복적인 문제를 해결할 때 유용한데, 단계적으로 접근하면 더욱 효과적으로 사고를 발전시킬 수 있다.

첫 번째 단계는 문제 설정이다. 이는 단순히 문제를 고르는 것을 넘어 명확하고 구체적인 형태로 문제를 정의하는 과정이다. 많은 경우 사람들은 막연히 느껴지는 어려움이나 포괄적인 주제를 문제로 설정하는 경향이 있다. 그러나 이를 명확한 목표로 구체화하지 않으면 효과적인 해결책을 찾기 어렵다. 예컨대 '회사의 업무 효율성을 높이자' 같은 모호한 주제는 너무 넓고 애매하여 해결책을 도출하기 어렵다. 대신 '주간 보고 회의 시간을 현재의 절반으로 줄이기', '팀원 간 이메일 소통 횟수를 절반으로 축소하기'와 같은 보다 명확한 문제를 설정할 필요가 있다. 이렇게 구체적인 문제를 설정하면 후속 단계에서 더욱 효과적인 사고가 가능해진다.

두 번째 단계는 전제 나열이다. 이 단계에서 문제를 둘러싼 모든 암묵적인 가정과 기존의 상식을 의도적으로 나열하고 점검해본다. 사람들은 흔히 문제를 해결할 때 자신이 당연하게 받아들이는 가정이나 암묵적 규칙을 인지하지 못한 채 이를 바탕으로 판단을 내린다. 그렇기 때문에 이 단계에서는 최대한 솔직하게 자신과 조직이 가진 상식과 고정관념을 드러내어 기록해야 한다. 예를 들어 회의 시간 단축이라는 문제에 대해 '회의는 항상 정해진 시간(예, 최소 1시간) 동안 해야 효과적이다', '모든 팀원이 반드시 참석해야만 의미 있는 논의가 가능하다', '얼굴을 마주 보고 회의해야 소통이 잘 된다'는 등의 가정이 있다면 이를 전부 기록한다. 이 과정은 이후의 사고 전환을 위한 중요한 기반이 된다.

세 번째 단계는 근본 요소 분해다. 앞 단계에서 나열한 전제와 가정들에 대해 근본적으로 의심하고 질문하며 그 배경을 파헤치는 과정이다. 이를 위해 유명한 '5 Whys' 기법이 효과적이다. 5 Whys 기법이란, 문제의 원인을 찾기 위해 특정 현상이나 가정에 대해 계속해서 '왜 그런가?'를 질문하여, 근본적인 원인을 드러내는 방식이다. 예를 들어 '회의는 최소 1시간 해야 한다'라는 전제에 대해 질문을 던진다면, "왜 반드시 1시간이어야 하는가?", "1시간 미만이면 논의가 불충분한가?", "논의할 내용을 미리 정리하면 시간을 줄일 수 없는가?", "미리 정리된 내용을 공유하면 굳이 모두 모일 필요가 있는가?"와 같은 질문을 반복적으로 던지게 된다. 이런 방식으로 근본 원인을 계속해서 질문하다 보면 문제의 본질적 요소들이 명확하게 드러난다.

네 번째 단계는 새로운 조합 구상이다. 이 단계는 앞서 드러난 문제의 근본 요소들을 기반으로 전혀 다른 방식의 해결책을 브레인스토밍하는 단계다. 문제를 바라보는 기존의 틀과 고정관념에서 벗어나 제로베이스에서 완전히 새로운 아이디어를 창출한다. 특히 앞 단계에서 깨뜨린 기존의 가정을 자유롭게 결합하면서 새로운 접근법을 찾을 수 있다. 회의 시간을 예로 이어간다면, 기존의 전제였던 '모든 참석자가 회의에서 함께 논의해야 한다'라는 가정을 깨뜨렸다면, 회의에서 전달만 하는 정보 공유는 이메일이나 동영상 등으로 미리 처리하고, 의사 결정이 필요한 사항만 모여서 짧게 논의하는 방법을 고안할 수 있다. 혹은 회의 자체를 폐지하고 온라인 설문이나 메신저 채널로 대체하는 방식도 떠올릴 수 있다. 이처럼 기존의 틀을 벗어난 발상으로 더 창의적이고 효율적인 해결책을 모색할 수 있다.

마지막 단계는 실행 및 검증이다. 아무리 훌륭한 아이디어라도 실제로 효과가 있는지 반드시 검증해야 한다. 이 과정에서 중요한 것은 실패나 리스크를 최소화하기 위해 작은 규모의 파일럿 프로젝트나 시범 운영을 통해 검증하는 것이다. 예를 들어 회의 방식을 바꾸는 경우, 처음부터 전면적으로 바꾸지 않고 2주 또는 한 달 정도 소규모로 시행하여 그 결과를 관찰하고 평가한다. 이때 회의 시간 단축이라는 목표가 실제로 달성되었는지, 생산성이나 소통에 부정적인 영향을 주지는 않았는지 데이터를 통해 객관적으로 평가해야 한다. 만약 처음 시도가 기대만큼 성과를 내지 못했거나 부작용이 발견된다면 그 데이터를 기반으로 다시 조정하고 개선하며, 이러한 실행-피드백-개선의 사이클을 반복적으로 진행하여 제1원칙 사고 기반의 해결책을 정착시킨다.

이 훈련법을 실제 예로 다시 설명하면 다음과 같다. 가령 '회의 시간을 현재의 절반으로 줄이기'를 목표로 잡았다면 먼저 현재 회의 방식에 대한 기존 전제를 명확히 나열한다. "회의는 1시간 이상 필요하다", "모든 구성원이 함께 모이는 것이 가장 좋다", "회의에서는 주간 진행 상황을 공유해야 한다" 등이다. 다음으로 각 전제에 대해 근본적인 질문을 던진다. "왜 1시간이 필요한가?", "정말 모두 참석할 필요가 있는가?", "주간 진행 상황을 반드시 회의에서만 공유해야 하는가?"라는 식으로 계속 질문하며 본질을 파헤친다. 이렇게 근본 요소를 명확히 하면 기존 회의의 목적과 방식이 달라질 수 있다. 이후 단계에서 회의를 짧게 구성하거나, 정보 공유를 별도로 하고 결정 사항만 논의하는 등 기존과 다른 방식으로 회의를 재구성할 수 있다. 마지막으로 이 새로운 방식을 몇 주간 실험하여 실제로 회의 시간이 줄었는지, 업무 효율이 개선되었는지 검증하고, 필요하면 지속적으로 개선한다.

이러한 단계별 사고 훈련법을 통해 단순히 문제를 해결하는 것이 아니라, 문제 자체를 처음부터 다시 생각하고 근본적으로 더 효율적인 해결책을 만들어 나갈 수 있다.

질문을 다시 던지는 기술

질문을 재구성하는 법은 문제를 해결하는 과정에서 사고의 방향과 폭을 근본적으로 바꾸는 중요한 방법이다. 특히 제1원칙 사고는 기존의 관습적이고 고정된 틀에서 벗어나 문제의 본질을 근본부터 새롭게 접근하는 것을 목표로 하기 때문에, 질문을 다르게 던지는 기술은 매우 효과적인 수단으로 활용된다. 사람들이 일반적으로 사고의 전환점을 만들 때 가장 먼저 해야 할 일이 바로 '질문을 다시 생각하는 일'이며, 이는 우리의 사고와 인식 방식을 근본적으로 바꾸는 강력한 심리적 도구이기도 하다.

질문이 사고를 결정하는 이유는 인간의 두뇌가 질문 자체를 사고의 방향 지표로 삼기 때문이다. 인간의 뇌는 질문을 통해 제시된 과제를 풀어나가는 방식으로 작동하는데, 질문이 특정 방향을 설정하면 우리의 인식은 자동으로 그 방향을 따라가기 마련이다. 따라서 기존에 던졌던 질문을 재구성한다는 것은 뇌가 기존의 인지 경로에서 벗어나 새로운 관점으로 문제를 바라보도록 유도하는 효과를 지닌다. 이는 인지과학에서 말하는 '프레이밍 효과framing effect'와 밀접한 관련이 있다. 즉, 어떤 문제나 선택 사항을 제시하는 틀frame을 바꾸면 동일한 문제라도 완전히 다른 해결책이나 결론에 도달할 가능성이 커진다.

질문을 재구성하는 방식은 크게 두 가지로 나눠서 살펴볼 수 있다.

첫 번째 방식은 "왜 꼭 그렇게 해야 하는가?"로 묻는 것이다. 인간은 살아가면서 당연하게 여기는 수많은 전제나 관습 속에서 사고하게 된다. 이런 당연한 전제를 의심 없이 받아들이는 이유는 뇌가 일상에서 사고와 판단의 부담을 줄이기 위해 기존의 패턴에 의존하려는 경향이 있기 때문이다. 하지만 이러한 습관은 문제를 본질적으로 이해하고 창의적인 해결책을 찾는 데 방해가 된다. 그래서 문제를 다시 생각할 때 기존 전제나 원칙에 직접적으로 의문을 제기하며 그 근거를 질문하는 방식을 사용하면 효과적이다.

예를 들어 회사의 리더가 직원들에게 "야근해서라도 반드시 이번 프로젝트 마감을 지켜야 한다"라고 지시한다고 가정해보

자. 여기서 대부분의 사람은 '마감을 반드시 지켜야 한다'는 사실을 당연하게 받아들이고, 야근이라는 수단에 대해 깊이 의심하지 않는다. 하지만 제1원칙 사고에서는 여기서부터 질문을 던져야 한다. "왜 마감을 꼭 지켜야만 하는가?", "마감을 지키지 못하면 정말 회사에 큰 피해가 발생하는가?", "다른 방법으로 피해를 최소화하거나 기간을 조정할 수는 없는가?"와 같이 질문의 방향을 전환해 볼 수 있다. 이 질문들은 당초에 세워진 목표의 타당성을 재검토하고, 숨겨져 있던 다른 대안을 찾는 출발점이 된다. 이러한 사고방식을 통해 사람들은 단순히 정해진 목표를 충실히 이행하는 것이 아니라, 목표 자체의 타당성과 본질을 근본부터 검증하고 다시 설정할 기회를 얻을 수 있다.

두 번째 방식은 질문을 부정적 관점에서 긍정적 관점으로 전환하는 것이다. 즉, 문제를 "왜 이것이 불가능한가?"가 아니라 "어떻게 하면 가능할 수 있는가?"로 질문하는 방식이다. 대부분의 사람은 문제를 접할 때 '그것이 왜 어려운지', '왜 불가능한지'를 먼저 떠올린다. 이렇게 질문하면 우리의 뇌는 본능적으로 그 불가능함을 정당화할 이유들을 찾기 시작하고, 결국 문제를 해결할 가능성을 탐색하는 능력이 제한된다. 따라서 불가능한 이유를 찾는 질문 대신 가능성을 찾는 질문을 던져야 한다. 질문을 긍정적으로 바꾸면 두뇌가 문제 해결을 위한 아이디어를 창출하는 방향으로 적극적으로 움직이기 시작한다.

예컨대 제품 개발팀이 "우리 제품의 가격을 더 이상 낮추는 것은 불가능하다"고 판단했다고 하자. 이 상황에서 만약 질문을 "왜 이 제품의 가격을 낮출 수 없는가?"로 던지면, 자연히 원자재 가격 상승, 인건비 부담, 품질 유지의 어려움 등 가격을 낮추기 어려운 이유만 수십 가지를 찾게 될 것이다. 하지만 이 질문을 "어떻게 하면 이 제품의 가격을 절반으로 낮출 수 있을까?"로 재구성하면 사고는 완전히 다른 방향으로 전환된다. 그러면 원가 구조 혁신, 불필요한 기능 제거, 저가형 재료 활용, 생산방식 변경, 유통 구조 혁신, 판매 방식 변화 등 이전에는 전혀 고려하지 않았던 다양한 창의적 해결책이 등장할 수 있다. 이러한 질문의 재구성을 통해 가능성의 영역이 넓어지고 창의적인 해결책이 도출될 가능성이 높아진다.

질문의 재구성이 가진 또 다른 중요한 효과는 심리적 측면에서 나타난다. 기존의 문제를 부정적인 틀에서 바라보면 사람들은 스트레스나 부담을 느끼며 방어적 태도로 접근하기 마련이다. 그러나 질문을 긍정적이고 도전적인 형태로 바꾸면 뇌는 이를 '가능성'과 '기회'로 인식하여, 보다 열린 태도로 창의적 아이디어를 탐색하기 시작한다. 즉, 질문의 재구성은 뇌의 인지적 틀을 전환하는 심리적 '개입intervention' 역할을 하는 것이다.

이것은 인지과학적 관점에서 볼 때 사고의 유연성을 증가시키고, 기존에 존재하지 않았던 새로운 인지적 연결고리를 형성하도록 돕는다. 결국 질문을 재구성하는 것은 문제 해결의 방법론에 그치지 않고 뇌의 인지적 구조 자체를 더 창의적이고 생산적으로 변화시키는 실질적인 훈련이다.

결국, 질문을 어떻게 설정하고 재구성하느냐가 문제를 바라보는 관점과 해결책의 질을 결정한다. 제1원칙 사고를 실천하기 위해서는 끊임없이 질문을 통해 스스로가 가진 가정과 전제를 점검하고, 부정적 사고에서 벗어나 적극적으로 해결책을 탐구하는 질문법을 몸에 익혀야 한다. 질문의 변화를 통해 사고의 변화를 이끌고, 이를 통해 궁극적으로 문제를 근본적으로 새롭게 해석하며 독창적인 해결 방안을 발견할 수 있다.

사고의 틀을 깨는 게임과 훈련

기존의 사고방식은 시간이 지남에 따라 고정된 습관이 되어 무의식적으로 우리의 판단과 결정에 깊이 뿌리박힌다. 이러한 틀은 익숙하고 편안하기 때문에, 평소에는 그것을 의심하거나 뒤집을 필요성을 느끼지 못한다. 그러나 혁신적 아이디어나 창의적인 해결책은 이러한 고정된 사고의 틀 밖에서만 나타날 수 있다. 따라서 창의성을 키우고 문제를 근본적으로 해결하기 위해서는, 일부러 일상에서 벗어나 비현실적이거나 극단적인 상황을 가정해 보는 사고 실험이 매우 효과적이다. 사고 실험 게임이 두뇌에 미치는 효과는, 익숙한 신경 경로에 새로운 자극을 제공하여 사고를 보다 유연하게 만드는 것이다. 두뇌는 낯설고 극단적인 상황 앞에서 기존 사고방식을 유지할 수 없게 되며, 이는 자연스럽게 전혀 새로운 해결책을 찾기 위한 인지적 노력을 촉진한다.

이러한 사고 실험 게임은 크게 두 가지 유형으로 나눌 수 있다.

첫 번째는 '극단적 제한 가정'으로, 자신이 평소 당연하게 생각해 왔던 조건을 강제로 제한하여 사고하는 방법이다. 평소에는 무의식적으로 누리고 있던 자원이나 환경, 상황을 의도적으로 없애거나 축소하여 설정한다. 예컨대, 기업이 제품을 개발할 때, 평소에는 넉넉한 예산과 충분한 시간이 주어진 상황에서 계획을 세우고 아이디어를 도출한다. 하지만 "만약 지금 제공되는 예산이 기존의 10분의 1밖에 주어지지 않는다면?", "현재 보유한 직원의 절반이 사라진다면?", 혹은 "전기가 전혀 공급되지 않는다면 어떻게 할 것인가?"라는 극단적 제한 조건을 두고 사고해보는 것이다. 처음엔 현실성이 떨어져 보이고 심지어 무의미해 보일 수도 있지만, 이러한 극단적 제한은 기존의 관성적인 사고를 억지로 깨뜨리게 만든다. 제한된 환경에서 목표를 달성하려고 하면 인간의 두뇌는 새로운 해결책을 찾기 위해 적극적으로 작동한다. 이는 인지과학에서 뇌가 강력한 제약에 직면했을 때 기존 연결을 깨고 새로운 신경 회로를 활성화하여 창의성을 촉진한다는 사실과 연결된다.

이러한 극단적 제한을 구체적으로 생각해보자. 예를 들어 한 회사가 만약 예산이 기존의 10분의 1로 줄어든다면 처음에는 업무가 불가능해 보일 수 있다. 그러나 바로 그 순간부터 회사는 이 제한하에서 어떤 업무를 필수적으로 남기고, 어떤 부분은 생략하거나 완전히 재설계해야 하는지를 고민하게 된다. 예산을 극도로 축소하면 자동으로 원가 절감, 생산 방식의 효율화, 본질적인 기능에 집중하는 방향으로 사고가 전환될 수밖에 없다. 이런 과정에서 사무실 대신 재택근무를 도입하거나, 고정 인력을 최소화하고 외부 프리랜서를 활용하거나, 마케팅 비용을 대규모 광고 대신 입소문 전략이나 SNS 마케팅으로 전환하는 등 이전에 전혀 생각하지 못했던 창의적 대안들을 발견할 수 있다.

두 번째로 소개할 수 있는 방법은 '극단적 확장'이다. 이는 앞서 제약과는 반대로 문제의 규모나 조건을 극단적으로 확대하여 가정하는 사고 실험이다. "만약 우리 고객이 내일부터 지금

보다 100배 더 많아진다면 어떻게 대응할까?" 혹은 "만약 지금 판매하는 제품의 주문량이 순식간에 천 배로 폭증한다면?" 과 같이 현실에서는 쉽게 일어나지 않을 것 같은 극단적 상황을 의도적으로 설정한다. 이런 가정을 설정하는 순간, 지금까지는 무난하게 유지되었던 회사의 시스템이나 업무 프로세스가 어디에서 한계를 드러낼지 두뇌는 본능적으로 탐색하기 시작한다. 이런 극단적 상황을 머릿속에서 가상으로 전개하면, 기존에는 눈에 보이지 않았던 구조적 약점이나 시스템의 한계가 생생하게 드러나게 된다. 예컨대, 고객이 현재보다 갑자기 100배 증가한다면 물류 시스템, 고객 서비스 체계, 서버 인프라, 결제 처리 등 어느 부분에서 가장 먼저 한계가 올지 곧바로 떠오르게 된다. 이를 통해 실제 상황에서는 아직 나타나지 않은 잠재적 취약점을 미리 발견하고, 미리 대비책을 세우는 계기로 활용할 수 있다. 또한 이러한 극단적 확장 사고는 앞으로의 성장을 위한 장기적이고 근본적인 시스템 개편이나 혁신 아이디어를 창출하는 데 도움을 준다.

더 나아가 질문 재구성의 또 다른 형태로서, '역방향 질문법 Reverse Thinking'이 있다. 역방향 질문이란 문제를 반대 방향에서 접근하는 사고방식이다. 가령 "어떻게 하면 고객이 우리 제품을 좋아하게 만들 수 있을까?" 대신, "어떻게 하면 고객이 절대 우리 제품을 선택하지 않을까?"라고 거꾸로 질문해 보는 것이다. 이렇게 역방향으로 문제를 뒤집어 생각하면 평소에는 놓쳤던 문제점을 구체적으로 파악할 수 있고, 그것을 해결함으로써 결과적으로 긍정적인 방향으로 향하는 방법을 얻을 수 있다.

이외에도 '무작위 단어 연결법'이라는 사고 게임도 있다. 무작위로 뽑은 두 개의 단어를 억지로 문제와 연결 지어 새로운 아이디어를 찾아보는 방식이다. 가령 제품 개발 회의를 할 때 '바나나'와 '교통'이라는 전혀 무관해 보이는 두 단어를 뽑았다고 하자. 이 두 단어를 억지로 연결해보면, "바나나처럼 간단히 껍질을 까서 즉시 먹을 수 있는 것처럼 곧바로 사용 가능한 간편한 교통수단은 없을까?"라는 발상으로 이어질 수 있다. 이는 간편한 공유 모빌리티 서비스라는 새로운 아이디어로 발전이 가능하다. 이처럼 임의의 요소를 연결하는 게임적 사고법은 두뇌가 창의성을 극대화하도록 돕는 대표적인 기법 중 하나다.

종합하자면, 질문 재구성 및 사고 실험 게임은 뇌가 습관적으로 따르는 익숙한 사고 경로에서 벗어나 문제를 전혀 다른 각도로 재조명하도록 유도한다. 이러한 연습을 통해 우리는 단순히 창의적 해결책을 얻는 것을 넘어서, 보다 근본적이고 깊이 있는 제1원칙 사고 능력을 발전시킬 수 있다. 이는 단기적인 문제 해결을 넘어 장기적인 혁신과 발전을 가능케 하는 중요한 사고 훈련법이다.

제8장

미래를 바꾸는 사고법

: 지속적인 학습과 적용

FIRST
PRINCIPLES
THINKING

제1원칙 사고를 단지 하나의 개념에서 그치지 않고, 일상에서 꾸준히 실천 가능한 구체적인 사고 습관으로 발전시키는 방법을 탐구하며, 빠르게 변화하는 현실 속에서 실제로 이를 적용하여 성과를 이룬 다양한 사례를 깊이 있게 살펴본다. 나아가 독자들이 제1원칙 사고를 실생활과 업무 환경에서 효과적으로 활용할 수 있도록 명확하고 실질적인 실천 방안과 함께 도전할 만한 과제를 제공한다. 책의 끝부분에서는 지속적으로 배우고 사고를 혁신하는 일이 왜 중요한지를 강조하고, 독자들이 미래를 바꾸는 힘을 가진 제1원칙 사고법을 스스로 내면화하고 실행할 수 있도록 강력한 동기를 부여한다.

제1원칙 사고를 습관으로 만드는 방법

제1원칙 사고는 단지 일회적인 문제 해결 기법이나 이론적 개념에 머물지 않고, 일상에서 반복적으로 실천하여 무의식적으로 활용할 수 있도록 만들어야 하는 사고 습관이다. 제1원칙 사고를 습관으로 만들기 위해서는 무엇보다도 지속적인 실천과 자기 행동에 대한 꾸준한 점검과 성찰이 필수적이다. 다음의 구체적인 방법들을 통해 이러한 사고 습관을 기르고, 스스로의 사고 패턴을 점진적으로 변화시킬 수 있다.

먼저, 가장 기초적이면서도 효과적인 방법으로 매일 자신의 행동과 생각에 대해 "왜?"라는 질문을 던지는 습관을 들이는 것이 필요하다. 일상에서 너무나 당연하게 여기고 넘어가는 행동이나 판단, 결정에 대해 무조건적인 수용을 멈추고 근본적으로 의심하며 질문하는 것이다. 예를 들어, 업무에서 특정 방식을 선택할 때 "왜 이것이 가장 최선인가?" 또는 "이 방식 외에 다른 대안은 없는가?"라고 질문하며, 근본적인 원인과 더 나은 가능성을 탐구하는 훈련을 반복하면 사고의 깊이가 자연스럽게 깊어진다. 사소한 일에도 이 질문을 습관처럼 던지다 보면 점점 제1원칙 사고가 자연스럽게 몸에 배게 된다.

다음으로, 보다 구조적인 접근법으로서 주간 및 월간 점검을 하는 것이 효과적이다. 매주 혹은 매월 정기적으로 특정 날짜와 시간을 정해놓고, 그동안 자신의 업무 방식이나 문제 해결 과정에서 어떤 가정들을 당연히 받아들였는지 꼼꼼히 점검한다. 이를 통해 자신의 사고가 어느새 관습적이고 습관적으로 굳어지지는 않았는지, 더 나은 방안은 없었는지 객관적으로 되짚어볼 수 있다. 가령 월말마다 지난 한 달 동안 무의식적으로 가정하고 있었던 전제 조건들을 점검하고, 이를 깨뜨리고 뒤집어보며 새로운 관점을 찾아내는 연습을 지속적으로 한다면, 스스로 사고와 행동의 패턴을 개선할 기회를 얻게 된다.

세 번째로는 기존의 틀에 갇히지 않고, 능동적으로 새로운 아이디어를 내고 실험하는 연습을 정기적으로 시행해야 한다. 기존 방식을 완전히 배제하고 제로베이스에서 문제를 다시 바라보며, 한계를 분석하고 이를 뛰어넘는 전혀 다른 접근법을 찾아보는 것이다. 매주 최소한 하나의 새로운 아이디어를 시도하고 적용해보는 목표를 설정하면 좋다. 여기서 중요한 것은 실패를 두려워하지 않고 오히려 실패를 통해 배운다는 자세이다. 이러한 반복적 시도를 통해 사고의 유연성을 기르고, 혁신적 아이디어를 만들어내는 능력이 점점 강화될 수 있다.

또한 제1원칙 사고의 습관화를 위해 토론과 글쓰기라는 구체적인 방법이 매우 효과적이다. 자신의 생각을 명확하게 글로 정리하거나 타인과의 토론을 통해 의사소통을 하다 보면, 본인의 사고 과정을 더욱 선명하게 논리적으로 정리할 수 있다. 특히 글쓰기는 자신의 사고 과정을 객관적으로 점검할 수 있는 좋은 방법으로, 단순히 머릿속에서 생각만 하는 것보다 본질을 더욱 깊이 있고 정확하게 파고드는 계기가 될 수 있다. 자신의 아이디어를 글로 표현하고 이를 동료나 친구들과 함께 토론하고 피드백을 받으면, 자신도 미처 깨닫지 못했던 새로운 관점을 발견하고 사고의 폭과 깊이를 확장할 수 있게 된다.

마지막으로, 실제로 일상에서 제1원칙 사고를 활용할 수 있는 사례와 예시를 구체적으로 제시하여 보다 생생한 실천 기회를 제공한다. 직장인이라면 관행처럼 이어져 온 업무 프로세스를 근본적인 시각에서 다시 검토하고, 효율성과 창의성을 높일 수 있는 새로운 개선 방안을 찾아낼 수 있다. 학생은 자신이 지금까지 당연히 받아들였던 학습 방법이 정말 효과적인지, 아니라면 왜 효과가 없었는지 근본적으로 질문하고, 새로운 학습 전략을 찾아 적용할 수 있다. 창업자의 경우 기존 시장이나 산업에서 당연하게 통용되는 업계의 통념을 무작정 수용하지 않고, 근본적인 소비자의 수요가 어디에 있는지를 끈질기게 탐색하는 습관을 기를 수 있다.

이처럼 일상의 구체적인 실천 방법과 실제 사례들을 통해 지속적으로 제1원칙 사고를 연습하다 보면, 어느 순간 자연스럽게 근본 원인을 파고들어 문제의 본질을 정확히 이해하고 해결하는 사고 습관이 형성될 것이다.

변화하는 환경에 빠르게 적응하는 기술

세상은 빠르게 변하고 있고, 그 속도는 갈수록 더 빨라지고 있다. 어제까지 유효했던 성공 공식이나 전통적 통념이 오늘 갑자기 통하지 않게 되는 상황이 자주 벌어진다. 이러한 환경에서 제1원칙 사고는 특히 더 중요한 역할을 한다. 변화에 빠르게 적응해야 할 필요성이 생길 때마다, 기존의 방법이나 관습적 사고에 의존하는 대신, 근본에서부터 다시 문제를 정의하고 해결책을 찾아야 하기 때문이다. 다음의 사례들은 구체적으로 제1원칙 사고가 변화하는 현실에 어떻게 적용되고, 어떤 방식으로 강력한 힘을 발휘하는지 잘 보여준다.

첫 번째 사례는 기술 발전과 시장 환경의 급격한 변화이다. 현대 사회에서는 기술 발전과 시장 환경의 변화 주기가 매우 짧아졌다. 이는 기존의 성공 공식이나 과거의 방식을 그대로 답습하면 금세 경쟁력을 잃게 된다는 뜻이기도 하다. 예컨대, 스마트폰이 등장하면서 카메라, MP3 플레이어, 전자수첩과 같은 수많은 기기가 단기간에 낡고 쓸모없게 되었다. 이 과정에서 기존의 제조업체 중 많은 곳이 "지금까지 해왔던 방식이 있으니까"라는 생각을 고수하다 도태되었다. 그러나 제1원칙 사고를 바탕으로 변화의 본질을 파악한 기업들은 전혀 새로운 시각에서 사용자 경험을 설계하거나 혁신적인 제품을 개발하여 살아남았다. 근본 원인을 파악하는 사고법은 바로 이런 상황에서 변화를 기회로 전환할 힘을 제공한다.

두 번째로는 코로나19 팬데믹 이후 재택근무의 확산 사례가 있다. 팬데믹 이전까지만 해도 많은 기업에서 "업무는 반드시 사무실에서 해야 효율적이다"라는 강력한 전제를 가지고 있었다. 그러나 코로나19 위기에서 불가피하게 재택근무를 실시한 기업들은 오히려 예상 밖의 결과를 경험했다. 기존의 사고방식이었던 "재택근무는 비효율적"이라는 가정을 제1원칙의 관점에서 다시 살펴본 결과, 오히려 재택근무를 통한 생산성 향상 가능성을 발견한 것이다. 실제로 재택근무를 시행한 기업 중 다수가 생산성 저하가 아니라 오히려 업무 효율이 향상했음을 보고했다. 구체적으로 미국 스탠퍼드대의 연구에 따르면 재택근무 도입 이후 업무 생산성이 평균 13%나 높아진 것으로 나타났다. 이는 기존 통념을 과감히 깨고 문제의 본질적 목표인 '효율적 업무 수행'에 집중한 결과이며, 환경 변화에 대한 제1원칙 사고의 성공적 사례라고 할 수 있다.

세 번째 사례로 인공지능AI 도입 및 업무 프로세스 자동화를 들 수 있다. 많은 기업과 산업 분야에서 AI가 확산되면서 기존 업무 방식을 단순히 자동화하는 것을 넘어 업무의 근본 구조 자체가 재구성되는 혁신이 나타나고 있다. AI를 적용하는 기업들이 성공을 거두기 위해서는 "지금 하는 일을 어떻게 더 빠르고 효율적으로 만들까?"라는 단순한 질문이 아니라, 보다 근본적이고 본질적인 질문을 던지는 제1원칙 사고가 필수다. 예를 들어, 기존의 마케팅 프로세스를 개선하는 문제에 대해 단순히 기존 광고 방식을 자동화하는 것이 아니라, "고객 전환을 촉진하는 본질적 요인이 무엇인가?", "AI를 활용해 고객 경험을 근본부터 다시 최적화할 방법은 없을까?"와 같은 질문을 던져 문제를 근본적으로 재구성할 때 진정한 혁신이 가능해진다. 아마존, 넷플릭스 같은 기업들이 바로 이러한 근본적 접근을 통해 시장에서의 우위를 유지하고 있다.

네 번째 사례로 금융과 의료 등 기타 다양한 산업 분야에서도 제1원칙 사고가 활발히 적용되고 있다. 금융 분야에서는 오랫동안 지켜졌던 "은행 업무는 반드시 지점에 방문하여 이루어져야 한다"라는 가정이 인터넷뱅킹과 모바일 결제의 확산과 함께 근본부터 무너졌다. 이는 금융 서비스의 본질이 '편리하고 안전하게 금융 거래를 수행하는 것'이라는 제1원칙을 재조명했기에 가능한 일이었다. 의료 분야 역시 팬데믹을 거치며 원격 진료라는 개념이 부상했고, "환자는 반드시 병원에 직접 방문해야 한다"는 전통적 통념이 흔들리고 있다. 이 역시 "의료의 본질적 목표는 환자가 적시에 진료받는 것"이라는 근본적인 제1원칙으로 돌아간 결과다.

이처럼 제1원칙 사고는 급변하는 세상에서 기존의 사고를 뛰어넘어 새로운 기회를 찾게 하고, 문제의 본질을 다시 정의하도록 돕는다. 변화가 빠른 환경일수록 기존의 관념과 방식을 반복적으로 점검하고, 끊임없이 근본적 질문을 던지는 제1원칙 사고가 필수적인 성공 전략으로 자리 잡을 것이다.

지금 바로 시작할 도전 과제

이제 당신이 책에서 접한 제1원칙 사고의 개념과 사례들을 직접 현실에 적용하며 훈련하고 내면화할 수 있도록 몇 가지 실질적인 도전 과제를 구체적으로 제안한다. 다음의 과제들은 매우 간단해 보일 수도 있지만, 제1원칙 사고를 몸에 익히기 위한 효과적이고 실용적인 출발점이 되어줄 것이다. 꾸준히 실천하다 보면 근본적인 질문을 던지는 일이 자연스럽게 습관이 되고,

어느새 더 깊고 창의적인 사고가 일상의 일부가 될 수 있다.

첫 번째 도전 과제는 일상에서 쉽게 지나쳤던 사소한 문제를 선택해 제1원칙 사고를 적용하여 해결하는 것이다. 생활 속에서 당연히 받아들이거나 무심코 방치했던 작은 문제를 하나 골라보자. 예컨대 자주 물건을 잃어버리는 문제를 선택했다면, 단순히 "다음부터는 잘 챙겨야지"라는 대중적 해결책 대신 "왜 나는 계속 물건을 잃어버릴까?"라는 근본적인 질문을 던진다. 여기서 멈추지 않고 지속적으로 "왜?"라는 질문을 다섯 번 이상 반복하여 보다 깊이 근본 원인을 파악한다. 예를 들어, "물건을 자꾸 잃어버리는 이유는 무엇인가?"라는 질문을 던지면, "바빠서 정신이 없기 때문이다", 여기서 다시 "왜 바빠서 정신이 없을까?"를 물으면, "정해진 장소에 물건을 두는 습관이 없기 때문이다"라는 보다 본질적인 원인을 발견할 수 있다. 이렇게 반복적으로 질문을 던지고 깊이 들어가다 보면, 체계적인 정리 습관이나 물건 보관 장소의 재배치 등 근본적이고 효과적인 해결책을 찾아낼 수 있다.

두 번째로, 자신의 기존 업무 방식이나 생활 습관을 자세히 분석하고 개선점을 찾아내는 도전 과제이다. 자신의 하루나 일주일을 되돌아보면서 무의식적으로 반복하는 습관이나 업무 방식을 적어보자. 그중 한 가지를 선택하여, 왜 그런 방식을 선택했는지 근본적인 이유를 다시 검토하고, 그것이 정말 최선인지 의문을 제기한다. "지금까지 이렇게 해왔으니까"라는 익숙한 생각을 버리고, 그 행동을 근본부터 다시 점검하는 것이 핵심이다. 예를 들어, 매일 아침 이메일을 확인하는 습관이 있다면, "왜 아침부터 이메일을 먼저 확인하는가?", "정말 효율적이고 생산적인가?"라고 근본적으로 질문해볼 수 있다. 이런 질문을 통해 자신의 업무 패턴을 근본적으로 재구성하고, 더 효율적인 방법(가장 중요한 업무를 먼저 처리한 후 이메일을 보는 방식 등)을 적용하여 작은 습관 하나부터 변화를 시도해보자.

세 번째는 적극적으로 새로운 아이디어를 제안하고 이를 실제로 실행해보는 도전 과제이다. 주변에서 "원래 이렇다"거나 "어쩔 수 없다"라고 여겨지는 문제를 찾아 그것을 뒤집는 새로운 아이디어를 적극적으로 제안해보자. 예컨대 직장에서 보고서를 항상 긴 문서 형태로 제출하는 것이 일반적인 규칙이라면, "정말 보고서를 길게 작성해야 하는가? 더 짧고 간결하게 전달할 수는 없을까?"라고 근본적인 질문을 던져보는 것이다. 이 과정에서 보고서를 아예 간소화하거나 새로운 형태로 바꾸는 아이디어가 떠오를 수 있다. 그 아이디어를 바로 실행해보고 결과를 점검하여, 근본적인 혁신을 경험할 기회를 만드는 것이 목표다. 성공 여부와 관계없이 이러한 시도 자체가 제1원칙 사고의 습관화에 큰 도움이 된다.

마지막으로, 더욱 현실적이고 일상적인 예제를 통해 제1원칙 사고를 연습할 수 있다. 당신이 쉽게 접근할 수 있는 구체적인 예를 들어 제시하면 더욱 명확해진다. 가령 "생활비 지출을 절감하려면 무엇을 바꿀 수 있을까?"라는 질문에 대해, 단순히 소비를 줄이는 방식이 아니라 자신의 소비 습관의 근본적 원인을 탐구하고 새롭게 재구성하는 방식을 연습해보자. 또 "내 시간을 더 효율적으로 쓰려면 어떤 요소를 재구성해야 할까?"라는 질문을 던져보며, 무의식적으로 시간을 허비하게 만드는 근본 원인을 찾아 해결하는 접근 방법을 활용할 수 있다. 직장인은 "기존 업무 프로세스의 무엇을 바꿔야 효율성을 높일 수 있는지", 학생은 "기존 공부 방법이 왜 비효율적인지"와 같은 질문을 던지고 스스로 근본적 해결책을 찾는 것도 좋다.

이러한 구체적인 도전 과제들을 반복적으로 수행하면 어느 순간 제1원칙 사고가 생활 속 자연스러운 사고 습관으로 자리잡게 되고, 점점 더 복잡하고 중요한 문제에도 효과적으로 대응할 수 있는 능력이 길러질 것이다. 지금 당신 생활의 아주 작은 영역에서부터 이러한 도전을 시작해보길 권한다.

모든 혁신의 시작,
이제 당신 차례다!

이 책을 통해 제1원칙 사고가 무엇이며, 그것이 어떻게 우리 삶과 일, 그리고 세상을 바라보는 방식을 근본적으로 바꿀 수 있는지 살펴보았다. 우리는 이미 알고 있다고 생각했던 수많은 전제와 관습적 사고에 과감히 질문을 던지며, 가장 기본적인 원리와 근본적 진실로 되돌아가는 방법을 익혔다. 더불어 역사적으로 위대한 혁신과 변화를 일으킨 사람들이 어떻게 늘 제1원칙 사고를 적용해왔는지, 그리고 급변하는 현대 사회에서 제1원칙 사고가 얼마나 중요한 도구로 자리 잡고 있는지 수많은 실제 사례를 통해 깊이 들여다보았다.

하지만 이 모든 배움과 깨달음이 진정한 가치를 발휘하려면, 이제 당신 스스로 그것을 삶의 현장에 적용하는 실천을 지속해야만 한다. 제1원칙 사고는 단지 책상 앞에서 머리로만 이해하는 개념이 아니라, 매 순간 선택과 행동으로 살아 숨 쉬게 만들어야 하는 일상의 철학이며 지속적으로 훈련하고 가꿔야 할 내면의 습관이다. 지금 당장 커다란 변화를 이루지 못하더라도 실망할 필요는 없다. 작은 일상의 질문 하나가 점차 습관이 되고, 그 습관은 어느새 당신을 과거와 전혀 다른 방식으로 생각하고 행동하게 만들어 줄 것이다.

어쩌면 처음에는 느리고 답답하게 느껴질 수도 있다. 때론 제1원칙 사고를 실천하는 과정에서 실패하거나, 다시 관습적이고 익숙한 방법으로 돌아가고 싶은 유혹을 느낄지도 모른다. 그러나 분명한 것은, 역사는 근본을 바라보는 사람들에게 늘 미래의 문을 열어주었다는 사실이다. 지금 우리가 당연하게 여기는 수많은 기술과 혁신들 역시, 모두 누군가가 끈질기게 "왜 이렇게 해야 하지?"라는 근본적 질문을 멈추지 않았기 때문에 탄생할 수 있었다. 오늘 당신이 던지는 근본적 질문 하나하나가 바로 그 혁신의 씨앗이 될 수 있다.

일론 머스크가 우주를 향해, 전기차를 향해, 그리고 인류가 가능하다고 믿었던 한계의 벽을 향해 과감히 도전할 수 있었던 원동력 역시 바로 이 제1원칙 사고였다. 그가 반복적으로 말하듯, 혁신이란 거창한 것이 아니라 가장 기본적이고 근본적인 질문에서 출발한다. 그 질문을 던지는 사람이 바로 당신이라면, 그리고 그 질문을 멈추지 않는다면, 결국 당신 역시 변화의 주인공이 될 수 있다.

그러니 지금부터가 진짜 시작이다. 이 책의 마지막 페이지를 덮고 난 이후에도 질문을 멈추지 말기를 권한다. 매일, 매 순간 주변에서 너무나 당연하게 받아들였던 것들을 근본적으로 의심해보라. 그렇게 하다 보면 어느 순간 새로운 통찰과 변화의 가능성을 발견하게 될 것이다. 처음에는 느리게 보일지 몰라도, 바로 그 한 걸음 한 걸음이 쌓여 당신의 삶뿐만 아니라 주변의 세상을, 그리고 결국에는 미래를 변화시킬 것이다.

오늘부터 당신이 던지는 질문 하나가 수십 년 후의 세상을 바꿀 수 있다. 이 사실을 잊지 말기 바란다. 근본으로 향하는 작은 질문, 바로 거기서 모든 혁신이 시작된다. 이제 그 혁신을 만드는 주인공은 바로 당신이다.

- Brown, T. (2009). *Change by design: How design thinking transforms organizations and inspires innovation*. HarperBusiness.

- Brynjolfsson, E., & McAfee, A. (2014). *The second machine age: Work, progress, and prosperity in a time of brilliant technologies*. W.W. Norton & Company.

- Kim, W. C., & Mauborgne, R. (2005). *Blue ocean strategy: How to create uncontested market space and make the competition irrelevant*. Harvard Business School Press.

- Porter, M. E. (1998). Clusters and the new economics of competition. *Harvard Business Review*, 76(6), 77~90.

- United Nations. (2015). *Transforming our world: The 2030 Agenda for Sustainable Development*. https://sustainabledevelopment.un.org/post2015/transformingourworld

- World Economic Forum. (2020). *The future of jobs report 2020*. http://www3.weforum.org/docs/WEF_Future_of_Jobs_2020.pdf

제1원칙 사고

초판 1쇄 인쇄 | 2025년 5월 9일
초판 1쇄 발행 | 2025년 6월 2일

지은이 | 안유석
발행인 | 안유석
책임편집 | 구준모
교정교열 | 심미정
디자이너 | 오성민
펴낸곳 | 처음북스
출판등록 | 2011년 1월 12일 제2011-000009호
주소 | 서울시 강남구 강남대로 374 스파크플러스 강남 6호점 B219호
전화 | 070-7018-8812
팩스 | 02-6280-3032
이메일 | cheombooks@cheom.net
홈페이지 | www.cheombooks.net
인스타그램 | @cheombooks
ISBN | 979-11-7022-300-9 03190